现代体育教学创新与
科学运动训练探究

黄　果◎著

中国原子能出版社

图书在版编目（CIP）数据

现代体育教学创新与科学运动训练探究 / 黄果著 .
-- 北京 ：中国原子能出版社，2022.9
　　ISBN 978-7-5221-2181-9

　　Ⅰ．①现… Ⅱ．①黄… Ⅲ．①体育教学－教学研究②
运动训练－教学研究 Ⅳ．① G807.01 ② G808.1

中国版本图书馆 CIP 数据核字（2022）第 191102 号

现代体育教学创新与科学运动训练探究

出版发行	中国原子能出版社（北京市海淀区阜成路 43 号　100048）
责任编辑	杨晓宇　王　蕾
责任印制	赵　明
印　　刷	北京天恒嘉业印刷有限公司
经　　销	全国新华书店
开　　本	787 mm×1092 mm　　　1/16
印　　张	12.25
字　　数	213 千字
版　　次	2022 年 9 月第 1 版　　　2022 年 9 月第 1 次印刷
书　　号	ISBN 978-7-5221-2181-9　　　**定　价** 72.00 元

作者简介

- -

　　黄果　出生于 1978 年 3 月 7 日，籍贯湖北武汉。本科学历，硕士学位，讲师职称。毕业于华中师范大学体育学院，现任职于浙江万里学院。主要研究方向为民族传统体育、体育教育与训练。发表论文 10 余篇，并于 2021 年负责主持宁波市哲学社会科学规划课题（教育专项）《宁波市中小学完善优秀民族传统体育的实践和经验调查研究》及浙江省教育厅一般科研项目《"双减"政策下浙江省中小学完善优秀民族传统体育的实践调查研究》。

- -

前　言

体育教育是提高全民身体素质的重要途径，对我国教育事业的发展和创新人才的培养都起着关键作用。特别在竞争日益激烈的现代社会，体育教育具有其他学科所不具备的教学优势，其根本任务是增强学生身体素质、提高全民心理素质、提高全民适应社会的能力等。"以人为本""健康第一""终身体育"等新的教育理念确立和优化成为体育教育发展的方向，也是提高全面健康素质的指导理论。

大力发展体育教育事业，在改变传统教学理念的同时，更应该结合我国体育教育的发展现状更新理论结构，在体育教学课程、体育教学途径、体育教学模式、体育教学管理等相关方面实现全面的创新发展。伴随最近几年教育改革的不断加深，有关体育教学理论的探索研究和文献作品层出不穷，体育教学理论的教学内容和教学方法正蓬勃发展，并逐渐趋向现代化、科学化。本书主要针对现代体育教学创新与科学运动训练探究展开论述，宗旨是为高校体育教学改革创新发展与运动训练的科学化发展提供一定的理论参考，做出一定的贡献。

本书共包括七章。第一章主题为体育教学概述，包括体育教学理念的取向、体育教学形态的发展、体育教学的目标与原则；第二章为体育教学的方法和应用，包括体育教学方法的发展、体育教学方法的运用、高校体育教学方法的改革与创新；第三章主要阐述高校体育教学过程与评价改革，总共包括四个部分，分别是体育教学的过程与控制、高校体育教学过程的优化发展、体育教学评价概述、高校体育教学评价的改革策略；第四章介绍高校大学生与科学化运动训练，共分为大学生体质健康测量与评价、大学生合理营养与卫生锻炼、高校体育科学化运动训练理论三节；第五章主题是球类运动的科学化训练，从球类运动基本理论知识、大球运动科学化训练、小球运动科学化训练三个方面进行了阐述；第六章阐述的对象是田径运动科学化训练，总共包括田径运动基本理论知识、田径运动训练理论、田径运动科学化训练；第七章主要分析传统与时尚体育运动科学化训练，从武术运动科学化训练、搏击运动科学化训练、街舞运动科学化训练、形体科学化训练四个方面进行了论述。

在撰写本书的过程中，作者得到了许多专家学者的帮助和指导，参考了大量的学术文献，在此表示真诚的感谢。本书力求做到内容系统全面，论述条理清晰、深入浅出，但由于作者水平有限，书中难免会有疏漏之处，希望广大读者及时指正。

作者

2022 年 6 月

目　录

第一章　体育教学概述

体育教学遵循一定的教学标准，有组织、有目的地规划教学内容，它是学校体育实现的基本形式，是体育目标的实施途径之一。本章主题为体育教学概述，分为以下三节：体育教育理念的取向、体育教学形态的发展、体育教学的目标与原则。

第一节　体育教育理念的取向

一、高校体育教育通常理念

（一）"健康第一"的教育理念

中华人民共和国成立初期，党和国家高度重视青少年学生的身体健康。国民素质教育、国民体质教育、青少年健康教育是当时体育发展的首要问题。20世纪90年代的"健康第一"指导思想与20世纪50年代的"健康第一"教育思想有着本质的不同，这一时期的"健康第一"主要是对"素质教育"的诉求，是一种多样化与复合型的新型体育思想，强调体育教学的"以学生为本"理念。

进入21世纪，我国越来越重视教育内容中的体育教学。教育部、国家体育总局针对体育教学在2006年发表了《关于进一步加强学校体育工作，切实提高学生健康素质的意见》，教育部、国家体育总局、共青团中央也针对体育教学发表了《关于开展全国亿万学生阳光体育运动的决定》。当下，"健身育人"是我国大学校园开展体育教学的指导思想。大学校园要科学紧密地结合"健身"与"育人"两个观念，让学校体育教学和其他文化课程的教学完成契合，使它们共同表现出教育本质和学校教育优先发展学生身体健康的决心。

为了让我国教育跟上世界卫生组织关于健康的指导思想，我国提出"健康第一"的体育教学理念。国家教委、卫生部在 1990 年共同颁布《学校卫生工作条例》，这表明我国开始正式依据相关法律法规计划健康教育，并多次尝试改革体育教育和健康教育，突破了传统上只为奖牌、只为竞技的体育教学模式，以此来开展多项群众性体育活动；我国还采取了多种方式办法，引导学生主动参与体育锻炼活动，密切关注广大学生的身心健康，从而使得健康教育得到更进一步的发展和更加全面的平衡。在第三次全国教育工作会议上，相关领导明确阐述了青少年拥有良好身体素质是为社会服务的关键基础的教育理念。目前，大学校园越来越重视体育课程的规划和实施，无论在中小学基础教育还是在大学教育阶段，大学校园都根据实际情况调整了体育教育工作，严格践行"健康第一"的教育理念，并实时关注学生的身心健康是否符合世界体育教学的发展标准。

首先，当今科技不断更新、经济不断发展的社会为人们提供了诸多便利，也无声无息地影响着人们的日常生活和日常工作。为此，大学校园要加强学生的体育教育，明确提高学生体质是重要社会课题的要求。大学校园要坚持贯彻党的教育方针，主动从过往的体育教学中总结经验、吸取教训，从而加大教育工作的力度、全民健康的普及度和卫生保健知识的科普度，时刻关注学生的卫生健康。诸多事实表明，学生在参与体育健身活动时，既可以强身健体，又可以增强对各种疾病的抵抗力，还可以提高自身的智力水平，这对国家发展和促进人民身体健康都发挥着积极作用。其次，伴随全球一体化的推进，各个国家之间的全方位竞争也愈演愈烈，其中专业人才和劳动人民素质的竞争是最核心的内容。在这种局势下，我国应该抓住机会，积极面对各种挑战。我国要想在激烈的国际竞争中立于不败之地，就要培养出大量优秀的专业性人才和综合型人才，这不仅需要国家树立正确的思想道德政治观，还要强化各类科学知识的基础与运用，让全民具备优秀的身心素质。所以，大学校园要进一步促进学生的健康发展，在具体的教学工作中密切关注广大学生的身心健康，坚持以"健康第一"为主的教育实践。

（二）"终身体育"的教育理念

"终身体育"的教育理念指的是人终其一生都要进行身体锻炼并接受相应的体育教育，这在整个教育体系中十分重要。详细地说，一个人从出生到生命结束，都需要适应环境，并根据自身需要来锻炼身体机能，以此来获取生存、学习、工作等多方面的物质基础和操作前提。"终身体育"的教学理念是人类社会发展的历史长河中必然会出现的，我们在可以从以下几个角度来深入理解这一理念：从时间角度，"终身体育"会伴随人类个体的一生；从活动内容角度，"终身体育"包含广泛内容，我们可以根据自身兴趣去进行选择；从人员角度，"终身体育"面前社会全体公民，青少年学生自然也在其中；从教育角度看，"终身体育"是富国强民的重要措施，它可以提高全体社会公民的综合素质。

　　"终身体育"是思想意识和行为倾向结合而成的产物，其思想基础是体育意识。一个人的体育意识是否够强，将直接影响自身是否能获取"终身体育"的思想。"终身体育"贯穿人类个体的所有生命历程，其追求的终极目标是全体人民都具备强健的身体素质。

　　随着发展时间的推移，"终身体育"思想在体育教育中的作用越来越重要，已经逐步发展成为当今十分先进的体育教学思想。"终身体育"思想由存在着相互联系、相互作用的学校体育、社区体育以及家庭体育组成，进而共同影响个体。此外，还要求学校、家庭、社区积极开展各类体育活动，努力增加各类群体参与体育活动的机会。

　　"终身体育"的教育思想相对先进。这是因为这种教育思想突破了传统教学中体育教学片面强调学生的学习和运动技能的狭隘处境，在一定程度上优化并拓展了大学校园的体育教学。在传统的体育教学里，学校仅仅把学生接受体育教育的时间规定在上学时期，把学生应接受的体育教学规划为体育理论和运动技能。"终身体育"能根据学生的生长发育规律对学生进行科学合理的体育教学，督促他们锻炼身体，并使得他们掌握"终身体育"的积极效益，自觉保证终身参与其中。

　　"终身体育"本身具有全民性特征。从参与对象的年龄角度看，儿童、青少年、成人、老人都可以锻炼身体；从范围角度看，人们可以在学校进行锻炼，可以在社会进行锻炼，甚至在家里也可以进行体育锻炼。要将"终身教育"作为开展全民健身运动的指导思想，进一步普及和发展其内涵，从而实现健身运动的广泛普及。当下社会，每个人都要掌握一定的生存技能，这些技能与体育互相依托，所以每个人都要顺应生存发展的社会主流，努力掌握学习、运动和保健等方面的技能，要把体育和生活紧密联系起来，让自己做到终身锻炼进而终身获益。

"终身体育"要求人们确定具体的锻炼目标，让体育维持并提高人们的生活条件以及人们的身体素质，推动人们的各方面均衡发展，从而让人们实现延长自身寿命的宏伟目标。

"终身体育"本质上注重让人们更好地适应社会发展。通常情况下，学生会根据自身的具体情况和兴趣爱好选择适合自己的体育项目，这种做法本身具有显著的目的性和实效性。学生进行终身体育锻炼要从全局出发，设立清晰的体育目标，进而推动自身的均衡发展和终身发展。

以"终身体育"教育理念为指导的教学工作要求学生不能仅仅追求特定的运动技能和特定的运动熟练度，而是要学会锻炼身体、提升运动实践能力，注重培养学生的体育爱好和体育特长，让学生掌握良好的体育习惯。

大学校园在开展终身体育教育的教学工作时，要注重提高学生的体育意识，具体的教学措施如下：首先，各级校园要注重培养学生的体育兴趣。从心理学角度看，一个人的行为是以认识事物为基础所引发的动机和兴趣的具体表现。这一点运用到体育教学中，要求教师要引导学生端正自己的体育态度，并引导学生制订切合实际的体育目标，以此来调动学生自我体育锻炼知识和卫生保健知识的积极性，并养成持久的学习动力。另外，教师要密切关注体育理论的教学效果，不断提高学生的终身体育意识，进而保证体育教学的应有价值。其次，各级校园要着重培养学生的体育习惯。体育教师要引导学生，带动学生将体育锻炼融入到校外生活。这一举措不但可以促进全民健身的发展，也能让"终身体育"的社会价值得以实现。再次，各级校园要着重培养学生的体育素养。在具体的体育教学过程中，体育教师要根据广大学生的个人情况，为他们确定终身受益的体育目标，并针对学生的个人情况和体育目标开展课外活动，让素质、技能、能力等方面的知识内容与学生的终身体育意识科学结合。

"终身体育"着眼于人一生中各个不同的年龄阶段、不同的生活环境、不同的职业特点从而选择相应的锻炼方法和内容，进行不同形式的身体锻炼，以保证终身受益。学校体育教学正是为未来扮演不同社会角色的学生提供了一个良好的参与体育的契机，指导其参与体育锻炼，以便进入社会后可以更好地适应社会。因此，"终身体育"不仅要促进学生在学校的发展，还要充分满足社会发展对学生未来的发展需求，这就要求体育教育应重视学生的当前发展和长远发展。具体来说，在体育教学过程中，应实现学生终身体育发展与社会需求二者的结合。

分析我国当前的学校体育改革目标可知，学校体育教学主要定位于让个体在有限的学生阶段掌握体育基础知识与基本技能，在未来可以独立自觉地继续进行身体锻炼并接受体育教育，密切衔接终身体育。学校体育在现阶段的重要任务是培养并增强学生的"终身体育"观念，适度增加体育课程内容使其更加多元化。

教学是教师最基础最核心的工作，体育教师要通过各种方式提升自己的教学能力和教学质量，因为教师的教学能力高低决定了其教学质量的高低。体育教师要秉持重视体育教学的思想意识原则，并将其积极体现在具体教学过程中。教育关系到整个民族的兴衰存亡，而国家需要的是身体健康、综合素质高的人才。

由此可见，体育教师要时刻思考如何将学生培养成为祖国未来所需要的综合型人才。

在具体的教学过程中，体育教师要能针对各种突发情况做出及时的反映和适度的调整，这一点是体育教师所必备的。体育教师不应在具体教学工作中始终停留在预设方案上，要从不同角度应对现实教学中出现的各种变故，做到随机应变，这对于学生的体育学校和身体锻炼都有较为积极的作用。此外，体育教师要根据时代要求及时发展自己、更新自己，在具体的教学工作中不断地优化自己，要树立正确、适合社会的教育观，钻研并采用切合实际、富有创造性的教学方法针对学生真实情况进行教学指导，以此来激发学生参与体育运动的积极性和主动性，引起学生开拓自身的体育兴趣，使得学生在具体体育活动中养成良好的体育习惯。

（三）"以人为本"的教育理念

在商周时期，我国就已经有人发现人民是国家的重要基础，并且有人为此提出民本思想，但由于时代所限，这种"以人文本"的思想并没有系统化、理论化。春秋时期，儒家思想主张"仁者爱人"、齐国宰相管仲提倡"以人为本"，之后又有孟子提出"以民为国家之本"的理念。以上这些都和教育中的"以人为本"思想密切相关。不过，需要注意的是，古代传统中的民本思想和现代社会的"以人文本"思想并不是完全相同的。

古希腊时期，"以人为本"的思想理念就已经在西方出现，并且在文艺复兴时期正式成形。19世纪初期，哲学家费尔巴哈首次提出"人本主义"的哲学口号。时至今日，很多人本主义哲学家通过非理性主义的手段更进一步地完善了人本主义体系。西方教学思想中的教育理念、教育目标、教育内容、教育方法因人本主义思想的影响而不断调整，人本主义思想也大幅度推进了现代教学的发展。

目前，"以人为本"的体育教学思想已经演变成了中西方体育教学的关键性教学思想。我国现阶段"以人为本"思想得以建立的重要基础是马克思主义和与个体全面发展相关的理论，同时密切联系我国的具体情况，最终产生了科学、完善的教育价值取向。在体育教学中贯彻和落实"以人为本"的教学思想，不仅对我国落实科教兴国战略有着深远意义，还对我国实现民族的伟大复兴有着深远意义。

进入21世纪之后，人们对人才是社会发展的核心要素有了越来越深入的认识，我国一定要在实施科教兴国战略的前提条件下持续加深学校教育的改革深度，保证人与社会的全面发展。在现代社会不断发展的背景下，各级学校应积极贯彻落实科学发展观，坚持"以人为本"的教学思想，这是体育课程改革的必然要求。在新的时代背景下，贯彻"以人为本"的教育理念对学校体育教育的发展和青少年的身心健康成长都具有重要的意义。

最近几年，我国教育的改革深度和发展深度不断加深，其发展效果也十分明显。而体育教育也在这种大背景下积极顺势发展，其各项教学观念不断更新，要求体育教师在具体教学中要以科学、人性化教学为指导思想。在终身体育的引导和"以人为本"的教育发展观的落实下，广大学生在各方面都得到了前所未有的发展。当今时代，"以人为本"教育理念指导着我国的体育教学事业，它的"人"既指个体也指群体，既有自然属性又有社会属性。现代体育教学要以"以人为本"为基础，坚持落实科教兴国战略和人才强国战略，不断提高全民体育素质。

我国教育需要多方面发展，要贯彻科学发展观，构建社会主义和谐社会，在新课程改革中必须坚持以人文本的指导思想。此外，我国目前的体育教学还存在很多问题，有很多不足之处。针对这些问题和不足，大学校园的体育教育要以"以人为本"的思想为基础来实施相关教学措施，主要包括两方面：学生是体育教学的参与主体，也是独立的生命个体，需要获得认可和尊重，所以体育教师在具体教学过程中要时刻秉持"以人为本"的原则，进一步丰富办学资源和教学设施，为学生提供良好的学习环境和有利的学习条件，不断提升教师队伍的教育水平；体育教师要对学生高度负责，为学生教讲授发展所需的各方面知识和技能，要尊重不同学生的个性差异，促进学生全方位的发展。此外，体育教师要合理规划教学计划，建立有效的教学课程体系，创新教学方式，增强教学操作的感染力和吸引力，以此来激发学生学习的主动性和积极性，始终牢记"以人为本"的教育理念，为学生服务，时刻关注学生的各方面利益，推动学生综合素质的全面发展。

进入 21 世纪，我国学校教育以惊人的速度不断发展，体育教育也要适应新时代的发展潮流，不断革新观念，以科学的、合理的、人性化的教学思想促进学校体育的发展，让学生在"健康第一"思想的指导下获得身心的全面健康发展。简单来说，现阶段的体育教育应当把保障学生身心健康当成基本原则和开展多种体育活动的立足点。在体育学校的实际过程中，体育教师通过各种方式强调学生的主体地位，培养学生主动参加体育锻炼的积极性和主动性。在培养学生主体意识的过程中，要求教育工作者本着尊重学生、信任学生的原则，促进学生身心的健康发展。具体来说，要做到以下几点。

尊重学生。教师应当树立以学生为中心的教育理念，在教育过程中严格遵循学生的身体发展特征和具体规律，同时对学生的个性特征予以尊重及肯定，贯彻并落实因材施教的原则。

宽容对待学生。大学校园的教师的工作核心是推动学生全方位健康成长。想要完成这一目标，教师就必须实时关注学生在学习过程中所存在的问题。学生群体中肯定会存在各方面差异，每个学生的优点和缺点也不尽相同，教师要主动接受这一实际现状，积极肯定学生的优点长处，并包容学生的缺点短处。体育教师在具体教学过程中要明确认识到体育课上没有差生这一理念，对于学习困难的学生，要加大情感教学的力度。教师要先理解和包容学习困难的学生所犯的错误，减轻他们的思想负担，帮助他们建立自信心，从而激发他们内心深处的精神潜能，进而让他们主动改正自身错误，主动发展自身的素质。这样一来，"以人为本"的教育思想才能够真正得到贯彻和落实。

丰富教学形式。在具体的体育教学工作中，体育教师要努力确保学生的主体地位，让学生自发成为学习的主动方，并进一步推动学生向体育学习融入情感、付诸实践。由此可知，体育教师要运用多元化的教学方法，科学合理地规划教学内容。现代课堂是教师于学生共同探讨问题、解决问题的主要场所，在这里，教师可以更加方便地运用各种手段开展教学工作，如群体训练、小组合作学习、个人自觉练习等，这些教学措施都能贯彻"以人为本"的教育理念，能够激发学生的学习需求，推动学生综合素质的发展。

科学评价学生。体育教学评价的全面性很重要，全面评价需遵循"以人为本"的原则，将学生的全面发展充分重视起来，力求通过全面评价充分了解学生对体育学科的态度、参与体育锻炼的情况以及对体育技能的掌握和运用情况，从而有针对性地调整课程教学方案，使学生在现有的基础上实现更大的进步。在体育教学过程中，要注重对学生体育学习情况的评价。一般来说，体育教学评价主要是对学生的平时表现、素质达标、技术技能运用等内容进行评价。然而，由于每个学生的学习能力存在着差异，容易出现能力强的学生得高分、能力弱的学生付出行动但很难得高分的情况，这种评价将无法客观反映学生的体育锻炼情况，同时也不利于增加学生的学习动力。所以，教师在选用评价方式时应当密切联系学生的实际情况，从而推动所有学生的健康成长。

建构和谐师生关系。体育教学的基本立足点是关爱学生生命，尊重学生人格和权益。教师对学生之间的差异性应予以认可，对学生的独立性、个体性应予以尊重，与学生建构起平等和谐的师生关系。具体来说，在体育课堂教学中，教师要善于采用鼓励性的话语来激励学生、安抚学生。鼓励的话语可以给学生带来莫大的安慰与动力，可以使学生变得更勇敢、更自信。这样往往能够取得良好的课堂教学效果。

（四）其他教育理念

1. 创新的教育理念

创新教育指的是通过教育来培养学生的创新意识、提高学生的教学能力、推动学生的全方位发展、发扬以学生为主体的精神的教育。创新教育的本质属于素质教育，它是实现教育改革的有效措施。一方面，创新教育是一种综合性教育理念，侧重将理论与实践结合、将课内知识与课外知识结合，在这种理念下，每个学生都能获得有效的体育教育；另一方面，创新教育还包括实践创新和理念创新。创新教育理念的核心是学生主体，其主要目的是提升学生的身心健康和综合素质。

创新教育要求加强新式教学方法的运用。在创新教育的理念下，体育教师要在具体实践中总结经验和心得，积极探索、研究切合学生实际情况的教学方法，在传统教学方法基础上加以整合、创新和优化，提高学生的积极性和主动性，让学生充分体验体育的乐趣和效果。

创新教育要求优化体育课程的具体规划。体育教师在规划体育教学课程时，要牢记以学生为本，充分运用现代高科技教学方法，以提高学生的注意力和兴趣为教学重点，使学生对体育学习产生浓厚兴趣，并激发学生的主动性和创造性，从而保证教学规划能够完美进行。教师可以考虑运用成功教学法。相比其他学科的课堂，体育是学生最容易放松的课程，创新教育理念也要求教师要能够让学生在体育学习中感受到轻松和乐趣。所以，在具体的教学工作中，体育教师可以充分发挥成功教学法的优势，以学生的实际情况为依据适当调整体育教学的强度，做到因材施教，保证每一个学生都感受到体育方面的成功为其带来的快乐，以此来激发学生的主动性和积极性，让整个体育教学的氛围进一步活跃起来。体育教师要引导学生，帮助学生主动面对生活中的各种困难和挫折，让他们发自内心地认识到生活并不是一帆风顺，明确在体育学习中也会经常出现"胜负乃兵家常事"的情况。

创新教育要求提高教学方式的娱乐性。体育教师要明白一点：可以通过让学生玩的方式在不知不觉中完成教学任务。体育教师要让学生在上体育课时彻底运动起来，让他们主动体验运动锻炼的效果，以此来保证他们提高学习注意力和学习效率。大学校园要严抓体育教师的教学方式，时刻监督体育课的教学效果，多鼓励体育教师总结经验并参与课题调研，让他们合理运用高科技多媒体手段来改进教学方法、完善教学技能，从而引导学生主动提高体育知识的储备量，加强身体锻炼，以此来解决创新教育理念下体育教学过程中所出现的各种难题。

2. 个性化的教育理念

个性化的教育理念倡导尊重每个学生的独特性和差异性，并针对这些特性进行针对性的教学，进而发掘每个学生的生命潜能、发挥每个学生的优势特点，促进每个学生综合素质的提升。个性化教育强调学生在教育中的主体地位，重视学生的个体差异，包括学生的身体、心理、优缺点等先天遗传条件以及受环境和教育经历影响所表现出来的后天特点。在此基础上，个性化教育要求教师根据学生的不同情况进行相应教学，激发学生的主观能动性，调动学生的积极性和主动性，从而让他们自觉提升知识、能力、身心健康方面的综合素质。

人是接受教育的对象，具有独特的个性。因此，教育的改革以及教学策略的调整必须重视人的差异性，教师要因材施教，实施有针对性的教学工作，同时要时刻秉持"为了每个学生的发展"的教育原则，促进学生的个性化发展。在当下知识经济全球化的信息时代里，国家要贯彻落实个性化教育的政策，为培养人才提供充足的知识资源和创新资源，提高高等教育水平，从而培养出优秀人才。高等教育要注重学生的个性化发展，根据社会的需求来培养学生的各方面能力，这样可以摆脱传统教育的各种束缚，全方位提高学生的综合素质，进而为社会提供综合型人才。

高等教育以促进学生全面发展为目的，要求教师在整个教学过程中要采用多种教学方式来进行教学工作。个性化教育强调学生的主体地位，并且引导学生主动学习并发挥自身优势，让每个学生都能根据自身情况来取得相应发展；个性化教育强调发掘学生潜能，引导学生主动提高自身能力；个性化教育要求教师关注学生的个性和学生之间的差异性，提高学生个体对集体活动的参与兴趣。

个性化教育的具体教育目标可以看作是整个教育目标在学生个体身上的内化和具体表现，其主要是挖掘并提高学生的个性潜能、促进学生全方位成长。所以，高等教育要以全面发展学生各方面素质为中心来培养和提高学生的创造性、独立性。大学校园要对每个学生的个性特点和每个学生的个性化要求予以肯定，让教师以培养创新型人才为核心，根据学生的这些个性特点和个性化要求来完善教学内容和教学方法，进而实施针对性的教学，以此来提升学生的综合素质，推动学生的个性化发展。高等教育要以学生为主体，尊重不同学生的个性，同时要重视学生的创新能力，鼓励学生发现自我、认识自我并主动创新，要让学生的各方面潜能彻底释放出来。马克思认为人类的个性发展的最高形态就是全面发展，所以让学生全面自由地发展个性也属于个性化教育的目标范畴。

当今国际社会中，各个国家都在研究如何通过教育培养创新型、综合型的人才，如何提高全民的创造性，进而让国家兴盛。创新包括事物变化过程和事物变化结果两方面，一个人在接受一定的个性化教育可以拥有一定的创新能力，从这个角度看，个性化教育和创新教育是重合的，这两种教育都致力于培养学生的创新意识、提高学生的创新能力，进而培养创新型人才。在高等教育中，个性化教育和创新教育可以用素质教育概括。通过接受素质教育，学生会慢慢显露出独特的创新能力，这种创新能力本质上就是主观创造性。大学校园要始终贯彻个性化教育理念，让教师通过不同教学方法进行教学工作，从而继承和发扬以人为本的教育思想和教育精神。教师要明确自身的主导地位和教育主体地位，也要担起与之对应的义务和责任；教师要在个性化教育理念的指导下，促进学生的身心发展，提高学生的创新意识和实践能力，根据社会需要培养综合型实践人才；教师还要根据社会需要对自己的教学模式进行改革和完善，从而提高自身的教学水平和教学效果。

个性化教育坚持适应性原则。适应性原则在个性化教育中具备一定的指导意义。传统的同质教育不重视学生的个性差异，以同样的尺度和标准来教育不同的学生个体。而个性化教育相反，主张重视学生的个性、挖掘学生的各方面潜力、促进学生的全方面发展。适应性原则要求教师在进行教学工作时要适应学生之间的差异，并根据这些差异为学生提供符合他们知识基础的情况的教学、根据学生的实际情况来进行相应评价。个性化教育要求确保教师要牢记以人为本原则，根据不同学生的独特性和发育规律来开展教学工作，要求教师围绕学生提供合适的服务。每一个学生个体在社会中都是鲜活的一员，而不是简单的物体，他们通过一系列的社会活动来维持自身的社会关系、构建自身的社会性本质，因此个性化教育也要求发展学生的生命。当今，社会对人才的需要越来越趋向复杂化，这就意味着需要各种综合型人才来满足社会的各种需要，所以大学校园要尊重每一个学生的独特个性，满足学生的个性化发展，根据社会需要来推动学生的个性化发展和综合素质的提高。

个性化教育坚持独特性原则。个性化教育既作用于学生、教师的个性化也作用于学校的个性化，既尊重学生、教师的独特性，也要求学校有特色地进行办学工作。对于个性化教育而言，无论是学生主体、教师还是学校，都是相辅相成、互相推动、互相促进的。学生的个性化发展建立在学校实施的个性化教育基础之上，学校的特色办学又保障了学生的个性化发展。个性化教育的独特性原则要求学校和教师在进行具体的教学工作时要保证因人而异，对不同学生进行针对性的教学，以此来推动学生的个性化发展。

个性化教育坚持自主性的原则。学生的主动性是其自我发展的主要动力，一旦受到影响和约束，学生的积极性和自主性也会受到牵连。所以，自主性能保证学生个体养成独特的人格。对于学生而言，自主性与生俱来，不太受后天教育和环境所影响。但是，不同学生在自主性上有着不同的发展程度，学校教育不可对这种主动性加以遏制，要为学生的成长发展提供良好的环境，使得学生能够自由发展自身的自主性。所以，教师必须根据个性化教育的要求改进教育模式，贯彻落实以学生为本的教育策略，提高学生的自主性，争取让他们进行自我教育。

个性化教育具备创造性。当代教育思想强调每个人都是独立的个体，都有自己的才能和长处，充分发挥每个人的优势和特长、发扬每个人的个性能够帮助其成功成才。当今社会缺少创造型人才，而学习可以让人思考，思考可以让人提高创造力。一个人接受知识的能力强并不代表其学习能力强，学习能力也包括认知能力。知识本身是固定的、存在的，而认知是动态性的。认知会受所学知识影响，也能推动知识的生成。由此可见，教育不应该只要求学生学习书本知识，也要培养学生的认知能力和认知意识。每个人都有不同程度的认知能力，而这种能力能够提高这个人在某一专业的主动性、激发这个人在该领域的求知欲望。也就是说，个性包含创造性，而个性中的主动性和求知欲望能推动创造性和整体个性的发展，没有个性就谈不上创造性。想要提高学生的创造力，就要让其个性得到解放和充分发展，这样才能保证学生不断提高综合素质。

个性化教育具备适应性。个性化教育的适应性要求教师要关注并尊重广大学生群体之间的差异性，并采取科学合理的教学方法，通过激发学生的学习动机、规划教学内容、引导学生的学习行为等方式来将个性化教育落实到学生学习的整个过程中；个性化教育的适应性讲究教师根据学生的在性格、品质、兴趣、能力等方面的真实差异来提供针对性的教育，同时也要求教师时刻关注学生的发展需求和学习过程，引导学生学习的积极性和主动性，从而促进学生各方面综合素质的发展。

个性化教育具备独特性。个性化教育在教育层面超越了人的道德和人格，直击人的生命，这就要求教师要以"以人为本"为教学原则，尊重学生的独特个性，尊重学生之间的具体差异。首先，每一个人都有独特的个性，而教育是针对每一位学生进行的工作，要求教师从根本上认识到这一点；其次，个性化教育要求教师尊重每一位学生的具体需要。一个人发展的动力是需要，而想要让一个人发展就必须不断满足其需要。因此，个性化教育要求教师要根据每个学生的需要来为他们提供针对性的教育工作，尊重学生在教育中的主体地位，促进学生全面发展。学生是独立、独特的生命个体，而学生群体之间又存在包括先天因素和后天发展等方面的差异。先天因素的不同导致学生的学习能力不同，后天的学习风格和学习能力也是受先天因素影响的。由此可知，教育要求教师要根据不同学生的具体情况来对症下药，采取不同的教学手段提升每一位学生的综合素质。

个性化教育具备全面性。个性化教育要求教师要放弃传统的平均发展，而注意学生的各方面素质和技能。个性化教育强调一个人只要接受了最合适的教育，就可以充分发挥自己的优势，进而取得突破性的发展。人的各个要素相互协调、相互作用，某一方面进步就会带动其他方面有所进步。人的全面发展主要强调的是质和量两方面。第一，人作为整体是由各方面要素通过科学合理的协调而构成，整体好则证明各方面协调足够优质；第二，个性化教育的全面性包括受教育对象的全面性，强调教师要根据所有学生的不同差异和优势特点来进行针对性教育，面向全体学生是基础。个性化教育不是精英教育，不仅仅面对尖子学生，而是通过合理的教学手段来提高所有学生的综合素质，它是为全体学生服务的，这也是个性化教育和精英教育本质上有差异的直接证明。

个性化教育具备渗透性。个性化教育要求教师要以学生为主体，时刻关注学生的具体需求，提高学生的自主学习意识和自我认识意识，且要激发学生的主动性、提高学生的创新能力，在具体的教学工作中潜移默化地促进学生各方面的发展。个性化教育不仅渗透于学生的日常学习生活中，也渗透于教师的日常教学中，使得教师通过具体教学工作来影响学生的方方面面，并促使学生主动地认识自身、研究自身以及总结自身，以此来提高学生的综合素质、实现学生的全面发展。

二、体育教育理念的发展

（一）"三基论"和"体质论"

1. 三基论的含义

中华人民共和国建立之初，社会百废待兴、百业待立。为了社会发展，我国借鉴了苏联的教育思想、教育内容和教育方式。"三基论"的体育理论以马克思主义思想为思想基础，以巴甫洛夫条件学说为自然基础，并融合了凯洛夫的教育教学原理，其主要特点是注重体育的阶级性和"工具论"。体育教育适应社会的发展需要，阶级社会里的体育有固有的阶级性，重视体育教育的统一性，并拥有固定统一的教学规划和教学内容，且只服务于统治阶级；阶级社会的体育教育也重视体育知识和体育技能，也重视共产主义思想品德教育。具体而言，"三基论"包括体育基本知识、体育基本技术、体育基本技能，苏联学校就是以此为指导思想而展开体育教育工作。

2. 体质论的含义

体育论的教学理念起源于 20 世纪 70 年代末到 20 世纪 80 年代初，它着眼于整个中华民族的体育素质，并以增强人民体质为根据来探讨学校的体育教育工作，提倡学校体育要以促进学生身体发展、增强学生体育锻炼主要教学目标。体质论的体育教育思想强调学校要提高学生的身体素质，进而培养德、智、体全面发展的综合型人才。

在当时，相关政府部门和体育界一致大力推广和宣传体质教育，体质教育思想也因此成为当时乃至今天绝大多数学校主要的体育教育思想，"真义体育"也因此得以在中国学校教育界得以实施，并受到了各方人士的认可和推崇，这也侧面推动了十几年的我国学校教育。此外，学校需要相应的生理数据和生化数据来反映体质教育的进展情况，这些数据也成为社会各界认可体质教育的资料依据。

（二）多元化思想交融的体育教育理念

20 世纪 80 年代中后期，我国开始进入改革开放初期，学校体育事业迫切需要发展，学校体育思想也呈现出"百花齐放、百家争鸣"的新局势，学校体育界也仔细讨论和研究了体育教育应该向何处发展的重大问题。传统的学校体育思想过于"体育化"，也存在"小学科建设"的局限，体育教育也因此常常被孤立。在此前提下，学校教育界以尊重学术争鸣原则为基础，在形式角度以更加包容、更加兼顾的态度来开发体育教育思想、促进体育教育建设。自此，我国学校体育思想开始在探索中朝着多元化发展。所谓学校体育思想的"百花争艳"，确切地说是指学校体育思想应该如何发展，这也给学校体育思想提供了可参考的方向。

不过，"思维偏向固着"在一定程度上会约束体育思想的发展，而形式上的多元诉求又具备一元极端的潜在特点，各个学校的体育教育在思想和教学路径上就像各个"门派"一样，即使多元但也会彼此互相摩擦甚至发生冲突。由此可知，学校体育的多元化发展诉求并不具备适应的合力，彼此之间更是在一定程度上互相抵消体育教育的具体价值。

（三）体育思想的融合路径

体育学术界发现要构建让学校体育思想之和大于体育思想整体的局面，所以各个学校先后构思出有关体育教学的独特思想见解，在此情况下形成了两种具有影响力的思想导向认识。强调学校要以终身体育思想为体育教学基础的学者们认为，终身体育着眼于学校的长期目标和教育追求，能够领导学校体育工作，他们还认为学校要贯彻终身体育思想教育，这是体育教育的发展必然，同时也符合体育改革和全民体育的社会需求；强调学校要以"健康第一"思想为体育教学思想框架的学者们认为，学校的核心教育思想就是以"健康第一"为主来开展各项教育工作。学校体育思想构架试图融合终身体育和"健康第一"的优点长处，来规划更加符合实际、更加科学的教育课程。这种想法的出发点是比较好的，且能提高学校体育思想所发挥的作用，但"各美其美，美人之美，美美与共，天下大同"的构想太过于理想化，如果没有具体的实施平台和变通枢纽，这种想法就过于虚幻。单纯仅依靠一种教育思想来主导教育工作并不是最完美的，原因是每一种学校体育思想都是在其理论基础上展开指导的，而抛开学校本身来决定要选择哪一种思想来指导体育教学的做法更像是比较后做出选择，是一种比较思想论。现当代社会的各个学校在进行体育工作时所选定的体育思想并不完满，而以特定的思想章程来思考具体教育问题，就肯定会夹杂着主观判断，这在一定程度上阻碍了学校体育教育的发展。

（四）现代教育理念发展方向

在很长一段时间里，学校体育教学通常强调学生的体质发展，而忽视了提高学生的体育意识、激发学生的体育兴趣、培养学生的习惯和能力。随着我国对学校体育作用认识的不断加深，培养学生终身体育意识已经成为当前学校体育改革与发展的一个共识。学校体育教学必须要以培养学生终身体育意识为重要目标。

目前，经过一系列的体育教育改革后，学生的终身体育意识都得到了一定程度的加强，但是这还不够。在新的形势下，各学校要进行更为深入的改革，提高学生的体育意识，培养学生正确的体育价值观，使其掌握科学的健身知识与方法，养成经常锻炼的习惯。

随着时代的发展，体育项目将越来越多样化，学校体育教学的内容也会随之改变，一些具有时代特征的现代体育项目，如攀岩、跆拳道、体育舞蹈等，会越来越多地走进学校中。一些个性健身类项目，如健身操、越野跑、山地自行车等，能够较好满足学生的需要，会越来越受到学生的重视。一些娱乐性强的休闲体育项目，如保龄球、滑板、台球等，也将会因为能够满足学生身心愉悦的需求而受到学生的喜爱。另外，一些民族、民间体育项目，如踢毽子、跳竹竿、荡秋千等，将会为学校体育所开发与利用，以满足学生健身、娱乐等多种需求。总之，学校应发展多样化的体育教学内容，将健身、健美、娱乐功能的体育项目规划到教学内容中，以此来提升学校体育教学的实际效果

21世纪以来，"终身体育"观念不断传播和深化，学生的体育意识也不断提高，因此学校应该组织更加多元化的课外体育活动，可以从以下几方面来进行考量：第一，体育俱乐部将成为体育教学的主流组织，并呈现出以发展学生体育特长、提高学生体育技术水平为主的竞技体育俱乐部和以健身、健美、娱乐为主的群众型俱乐部两种类型；第二，中学、大学的体育社团将会迎来巨大发展，学校可以通过学生会、团委等部门组织各类单项体育社团，如篮球协会、游泳协会、健美协会等，伴随学生数量和体育项目数量的增加，不同类型的体育社团也会相应增多；第三，非正式的体育群体将会越来越多，一些体育爱好相通的学生会自发组成体育兴趣小团队，按照特定的规则和一贯来维持团队运行、增进队友感情，就目前而言，一些学校里已经出现很多这样的组织，假以时日和正确引导，这些团队组织会越来越丰富、越来越活跃。

第二节　体育教学形态的发展

一、体育教学论的发展

从教育科学发展的角度来看，传统教学论和现代教学论之间有批判和继承的联系，也有一定的区别，并且都深刻影响着当代教学理论的发展和教学实践的研究。深刻探讨传统教学论和现代教学论，是当今教育界的重要任务，因为这种探讨能够提高教学理论的科学性，且能够提升广大教师的教学意识和教学实践能力，从而提升教师的教学效果。所以，本书从概念、范畴体系、体系特征等方面来研究传统教学论与现代教学论，帮助大家把握理论，应用理论。

（一）学校体育传统教学论和现代教学论之间的特点和区别

1.传统教学论的体系特点

在经历了夸美纽斯、赫尔巴特、凯洛夫等教育人的研究和努力后，传统教学论的体系已经比较完备，并且其实践基础也已经足够深厚。总的来说，传统教学论的理论体系的特点如下：传统教学论优先关注教师在课堂上对知识的讲解传授，要求教师依据学科内在逻辑来规划具体的教材和教学内容，注重学校围绕教材进行分科教学的做法；在教学方法层面，传统教学论注重教师的课上讲解传授以及学生对知识的接受、吸纳；在教学组织形式层面，传统教学论实施的是统一的课堂教学。由此看来，传统教学论是以教学过程和教学顺序为基础来规划具体理论体系的。在具体的教学过程中，传统教学论重视教师和学生各自的角色地位，强调教师主导教学工作，其权威不容侵犯，教师可以对学生实施适当的惩罚措施，而学生必须在各方面都服从于教师。此外，传统教学论要求广大教师深入研究教学的概念和意义、教学任务、教学本质、教学特点、学科性质等教育有关的各方面内容，并要求教师研究可操作的教学实践理论。但是，从客观事实上看，传统教学论和教学实践并不能画等号，两者还存在可见的差距。

2.现代教学论的体系特点

有别于传统教学论以教师为主体的特点，现代教学论优先关注学生的具体学习，关注广大学生的自主探索能力、构建知识框架的积极性和能力，并尊重学生群体之间所存在的各方面差异，倡导教师根据广大学生不同的认知特点和优势、喜好来进行针对性的教学工作；现代教学论还关注广大学生对知识认知的整体性特点以及不同学生的日常生活，要求教师规划综合性课程；在教学组织形式层面，现代教学论倡导学生之间进行小组活动，互帮互助，共同学习。由此可见，现代教学论是围绕学生"学"的具体逻辑来建立"以学为本"的教育体系的。在具体的教学过程中，现代教学论强调学生是教育的主体，教师开展任何教育工作都要以学生为中心，并且教师不再具备传统教学论中那种不容侵犯的权威，而是为学生提供帮助，与学生互相合作，从而促进学生全方面发展；学生也有行使质疑教师教学方法和教学内容的权力和自由。由此我们可以发现，现代教学论最大的特点就是以学生为主，教师要关注学生如性格、能力、情感等的方方面面。

现代教学论的逻辑基础是"教学—人—存在"，并以"学习解决"为教学实践目的以可持续发展为价值基础，以学习、教学活动联动的"自觉"为具体范围；将教学目的、任务和教学过程、教学方法与人的存在结合并构建理论体系。这一体系使现代教学论永远"为学习而设计"，充满"为理解时刻而教"的生命活力。

（二）新旧体育教学论的哲学思考

迈入 21 世纪，新知识经济催发了人的主体意识觉醒和主体地位的确立。在工业化时代被压抑的个性化需求开始觉醒，个性解放的浪潮席卷了整个社会，成为不可阻挡的世界潮流。如何使人按照个性差异来自由发展，就成为学校体育教育无法回避的问题。正如学者郭文安、靖国平的研究认为，21 世纪教育是对人的独立个性的追求与探索。马克思指出自由个性是人的个性发展的最高阶段，并把实现自由个性作为共产主义解放人类的宏伟目标。有学者指出，学校体育应以培养人作为自己的标识，显然，能不能表达这种新的关系，能不能把这种视域纳入实施，成为 21 世纪学校体育教学必须思考的问题。由于不同的体育教育理念与范式集中表达并反映着人特定的存在方式，折射着不同时代的诉求，烙印着不同的教育价值转向和发展。因此，本书拟对此做出梳理评析，释义现代体育教学的发展与应当努力追求的方向，以期更为完整、准确地把握现代学校体育教学的视域和范式，为其走入新课程提供支撑。

（三）新知识经济时代体育教学的视域与范式

世界各个国家在人类社会发展历史的任何一个阶段，都没有像如今这样重视教育。这是由于人类社会已经从"外向型的实践变革改造世界"开始向"内向型的主观世界的变革改造世界"持续发展。现代社会，发展知识经济实质上就是发展国民创新意识、提高国民创新精神、提升国民创新能力，其核心是创新，且这几方面都离不开人本身思想的解放发展。所以，现今社会最缺少的是拥有个性并且富有创造性和开拓精神的综合型人才，这些人可以成为革命性、主导性的社会生产力，并能够推动时代迅速发展、成为社会前进的动力来源。工业社会的最大特点是生产力标准化，而知识经济的最大特点是生产力具备个性化、多样化、创造性、自主性，这些都关乎我们普通人的生存和命脉，也是人类想要长久生存和发展必须面对和解决的难题，其巨大影响力也自然波及围绕人的发展而进行的教育领域中。从外向性知识的存在到对内向性知识的思考与探究，这种时代风向的转变推翻了人类传统教育中标准化、统一化、绝对化的"授—受"的教育模式，且要求现代教育要为学生提供更多的选择方向，并加大支持学生提高个性化知识支配能力的力度。现代教育满足人类的物质性需要，知识经济时代的教育则更多地满足人类的精神性、文化性和个性选择的需要。

如果说工业革命时期学校体育教学观第一次从行动上肯定了人的身体性发展价值，那么新知识经济时代的学校体育则是第一次在理论上确立了个性化教学的地位，使体育教学活动不再是仅以集体直觉为基础，使个性化学习成为学校体育教学围绕的"太阳"。由此，21世纪的体育教学范式，就是为全体学生学习体育提供更加广泛、多样、灵活的机会和平台，努力保障全体学生终身体育兴趣的养成。为此，体育教学应因人而异、因材施教，尊重个性差异，弘扬个性，即体育教学需要实施的是区别对待，而不是一视同仁，从而确保个体在个性潜能上都能获得充分发展。所以，学校要以"以学生为主导、教师为主体"作为核心教育理念，以"学生的需要是第一需要"原则来主导体育教学内容的规划，以"为学习而设计、为理解而掌握"原则作为体育教学的指导思想，以分层教学、多元教学作为衡量体育教学方法的基本准则，以"既重视过程又重视结果"的做法作为体育教学评价的长远追求。同时，学校要把对教育中"教"的关注推向"学"，积极根据学生实际情况来开展教育工作。学校要在教学工作中规划好自由学习的空间，以便学生能够释放自主学习的潜能；要构建适合形成个性"知识传递"的教学环境，根据学生多样化、多层次的潜能来加强学生对"选项"教学和分层教学等教育建构的个人理解。这就要求现代教育要摆脱传统教育的统一化，平等对待每一位学生。体育学习并不存在差生，每个学生都有自己的优势长处，有自己的学习风格和认知观念。学校只要以学生的喜好为根据进行教学，就会让学生学习得更加有意义，这也能帮助学生养成终身体育的良好习惯，让学生统一知和行，做到"学而时习之，不亦乐乎"，并从中体验体育的情感乐趣。从教育中心角度看，如果说传统体育教育是以"如何教"为中心展开教学的话，那么现代体育教育就是以"如何学"为中心展开教育；从指向对象角度看，传统体育教育主要注重教学组织的设计逻辑，而现代体育教育从知识与人、知识与生活、知识与社会等方面来规划具体教学工作的集体性、个性化的教学体系。现代体育教学要求教师要将体育情趣美融入教学内容中，以此引导学生对体育运动的兴趣、提升学生对体育进步的渴求。建立学习与知识之间的和谐，是学校面临的最重要的实际和理论问题之一。

二、体育教学关系的发展

（一）教与学关系的历史争论

17世纪捷克教育家夸美纽斯的《大教学论》从"教和学"的关系角度出发为传统教学奠定了理论基础。他从教学从属于自然发展规律的哲学理念角度出发，总结表述了以往教育中未分开的"教"和"学"，并提出了"便易性""彻底性""简明性"与"迅速性"等适应自然教学观的有效教学手段。之后，英国教育家洛克提出的"经验论"、法国思想家卢梭提出的"自然教育论"、瑞士教育家裴斯泰洛奇提出的"要素教育论"等教学理论都在一定程度上推动了教育界对"教"和"学"关系的探讨研究。德国教育家赫尔巴特提出了"四段论"（即明了、联合、系统、方法）。"四段论"首先明确提出教育要实施教和学，且这个教育理论后来被发展为"五段教学法"（即预备、提示、联系或比较、总结和应用），并为世界广泛应用。赫尔巴特主张"教学就是教授"，他强调要重视教师的主导地位和管教作用，并要求教师要系统有序地传授知识。教育界也因此出现了以教师为中心、以"如何教"为重点的教育理论体系，这种教育理论也就是现代教学中所说的"传统教育派"。

在此之后，凯洛夫以赫尔巴特的教育理论为基础总结并提出了"如何教"的教育理论体系，其内容为"教师为中心、课堂为中心、教材为中心"。在这种教育理论体系中，"双基"（基础知识和基本技能）被提到首要位置，教育强调学生对知识的累积性学习，并认为教师的教学活动本质上是一种独特的认识过程；这个教学理论体系也让赫尔巴特的"教学过程阶段理论"得到充分的丰富和发展，并要求教师针对不同的教学内容规划教学结构理论和授课类型，从而进一步规范课堂教学的具体过程和教学阶段。

20世纪90年代，针对现代教育中的"教"和"学"的关系，美国实用主义教育家杜威建立了以建构主义、人本主义等观念为发展基础的、将教学活动重心从教师教学转移到学生学习，以此来突出学生主体地位和主体作用的教育理念。杜威"以学生为中心"的教育论调让人们开始研究学生的具体学习生活，这也推动了日后主要研究"学生如何学"的教学理论的出现和应用。杜威的教育理论虽然不完美，但对教育而言起到了拓荒、开创的影响，日后很多新出现的教学理论和教学手段都是以此为基础或是以批判、反思此理论为基础而出现、发展的。由此可见，现代教育理论是伴随教育历史推进、教育行程演化而逐渐丰富进而形成的。

关于"为什么学"和"为什么教"，现代教学理论认为人类个体本身就可以学习，而学生拥有教育中的主体地位。教师不能以"填鸭式"的教学方法把学生没兴趣的知识强行教授给学生，而是要关注每一个学生的个人兴趣和知识爱好，关注每一位学生的个性发展需求，保证具体教学过程中学生的主体性自由，允许学生从自身实际情况和优点长处出发自由地选择学习内容。无论是知识建构，还是知识认知，都不是教师通过简单传递就可以帮助学生建立的，这都需要学生通过对新旧知识、新旧经验的反复消化和反复作用来进行有意义的学习，进而独立完成。常言道"学会数理化，走遍天下都不怕"，如果学生本身并不喜欢理科知识，这种外部知识信息就没有实质上的教学意义。至于体育教学，教师在具体教学时更不可忽视学生本身的体育知识经验而强行为学生灌输学生自己没有接触过的新知识，要以学生现有的知识经验作为教学着手点，引导学生在原有知识经验基础上进一步构建整体知识体系和经验体系。体育教育实施选择学习的教学方法，可以满足学生对体育的学习需求，方便他们在原有体育基础上进行深度的体育学习。

只有学生本身爱学，体育教学才能发挥真正的作用、产生真正的意义。如杜威所说"教育即生活""教育即经验的连续不断的改造""教育即生长"，他认为教育要促进学生个体的天生本能和欲望的生长发展，而不是强迫儿童去无差别地学习各种外部知识，这样一来，才能让人类"与生俱来的能力得以生长"。

关于"教什么"和"学什么"，现代教学理论要求教育知识要依附学生的技能经验，且要根据社会情况来构建，因为并不是所有的学科知识的基本特点都适用于全国各地所有学生对知识的认知和需求，并且学生本身的经验和对知识的认知度决定了他们的学习是否有意义、教师规划的教学知识是否对学生自己的发展有帮助。这一教育观念为人们展现出体育教学强调各种知识之间的关联、注重学生的学习经验和自然性、注重学生的生活本身。教育应关注学生个体的情感、心理、潜意识等内部因素，引导学生发现自身的经验技能。杜威强调，教育要和学生的真实生活融为一体，要加强学生的实际生活体验和联系社会现实的能力；同时，他认为学校的教材的规划核心应为适合学生形成独立活动习惯的直接经验，而不能将既有知识作为教学核心来规划教材，并根据这种教材开设教学课程。课程中心应该设置如游戏、观察研究、手工操作、讲解故事等适合学生实践和发展的活动作业，而不仅仅是文字作业。

关于"怎么学"和"怎么教"，现代教学理论认为教师的"教"服务于学生的"学"，教师应该引导学生、组织学生、帮助学生，促进学生全面发展，让学生成为学习的主体，而不能让学生成为"外部刺激的被动接受者"。教育的价值就是让每一个学生解放个性、提升成长经验。就此而言，教育要重视人的个体存在，要注重学生产生学习的内部动机，禁止教师在教学过程中过分强调外力、过分强调教师职位的权威；教师要让教学过程充满人性化，以学生为学习主体，从而对学生进行分层教学、情感教学以及成就感教学。

（二）传统教学关系与现代教学关系辨析

赫尔巴特教育思想代表了"传统教学"，杜威教育思想代表了"现代教学"，二者在关系上是对立的。这也为教育界提供了两条教学理论研究路线：研究以教师教授活动为主的"教的理论"的路线和研究以学生学习活动为主的"学习理论"研究路线。通常情况下，区分这两条研究路线可以视作学生中心和教师中心、经验中心和书本中心、活动中心和课堂中心之间的"三中心"的对立。所谓"沉舟侧畔千帆过，病树前头万木春"，争论让是非更加清晰，争鸣使学术得到发展，争辩让改革得以推进。"现代教育"和"传统教育"之间在教和学角度的对立与争论，让教育理论研究的重心从教师的传授转移到学术的具体学习，让具体的教学内容从静态的书本文字知识转移到动态的社会活动，让教学方式从教师的单一灌输转移到广大学生的主动学习，这也在无形中告诉我们今后的教育在教与学的关系上，一定会呈现出辩证统一进而有机结合的局面。

以上内容让体育教学中"本应"具备的"教学相长"的教学特点找到了恢复和发展的理念基础，这也让传统体育教学注重教师教学而忽视学术主体性的教育局面发生动摇，并逐渐被重视学生差异、以学生为主体、师生关系平等、的现代体育教育所替代，在一定程度上反映出现代社会要求体育教育要秉持人本主义。然而，适应现代社会需求的师生关系并不是简简单单就可以建立而来的，整个过程充满坎坷也需要充足时间。本质上说，我国教育存在区域上、城乡上的明显差别，所以体育教育的现代化改革与现代教学关系的建立必须要在国家发展现状的基础上进行，其中的难度并不是因为我国教育缺乏反思，而是因为我国的教育在某种角度上也是一种历史存在。所以，传统教育与现代教育在性质上的对立并不能简单总结为落后与先进的对立或保守与改革的对立。传统教育中的"三中心"理论中的"教师中心论"比较保守，且早已经在现代落伍，它在某种意义上会颠倒教育的本质，但鉴于我国社会教育的大众化、普及度现状，传统教育中的班级授课制和集体教学组织制度仍适合我国目前的国情，对全体学生进行全面体育科学文化教育也符合我国发展需要，所以传统教学的这种优良制度应该被现代教育继承和发扬。

与传统教育相比，现代教育中"三中心"的"学生中心化"的教学理念更适应社会培养独立性人才的需要，其本身就是一种先进的教学思想。它匡正了传统教育的"教师中心论"，同时也符合我国国情。就实际来说，当前我国教育现状是班级大、学生多，一个教师同时面对很多个性不同的学生，在教育器材尚未完善的前提下，"以学生为中心"的教育思想和教学组织形式自然会遇到几乎无法解决的问题，这也会导致因材施教的教学工作无法进行，这种情况在目前我国各级学校中是比较常见的。目前来说，百分之百的以学生为中心的教学并不实际。

虽然学生是学习的主体，各个方面都需要发展，但他们也需要一定的指导和管教；虽然以教师为中心的教学方式并不正确，但教师因地制宜、根据实际情况来进行的指导和管教，对于学生发展来说是必不可少的。无论是杜威还是布鲁纳，所有倡导以学生为中心的教育家都无一例外地不支持完全放弃教师的指导地位，不过在很多教育改革试验中，这种理念也或多或少导致了教学过程的无政府主义，拉低了教学效果。例如，在 20 世纪 50 年代末期，美国结构主义课程改革的方案遭遇教学实践的阻挡，整个改革运动没有成功。对此，布鲁纳所总结反思的改革失败的重要原因是课程改革不被教师理解，课程改革也缺少与基层教育环境的沟通和联系。客观来说，目前体育教学改革实验或失败或遭非议，产生原因很多，而不适合本国国情、忽略传统教育的思想精华，在一定程度上也导致教学改革的失败。所以，作者认为，我国目前的体育教育应该建立在继承和发扬传统教学基础之上，进而展开因材施教的针对性教学工作，这应该是体育教学发展的正确大方向。根据诸多改革实践，我们可以发现无视教育环境本身、直接全盘否定以往教育、抱着过于理想化的态度实施新式教育等做法都会降低体育教学的水平。

第三节　体育教学的目标与原则

一、体育教学目标简述

（一）体育教学目标的含义

体育课程是课程的下属部分，与课程之间存在一定关联度，而体育课程目标和课程目标之间也是从属关系。伴随课程改革和课程研究的不断推进，体育课程也慢慢系统化、体系化、具体化。近年来，体育课程研究中比较关注"体育课程目标究竟是什么"的问题。相关学者从生物学、体育学、教育学等方面对"体育课程目标"进行了定义界定，认为体育课程的目标是增强学生的体质、促进学生的身心健康、引导学生掌握体育技能、提升学生综合素质、将体育融入学生生活、提高学生适应社会的能力等。学者的界定理论基础不同、视角不同、侧重点不同，对体育课程目标也会产生不同的理解和诠释。

每一种课程的课程目标都是相应的教育价值观在这个课程领域中的体现。所以，作者结合课程目标的概念、课程目标的本质、课程目标的特征和功能，对学习体育课程目标进行如下界定：学校体育课程目标也可称为体育课程本身要达到的具体程度，它期望学生通过学习体育课程来达到学生所处教育阶段要求的体育标准。

（二）体育教学目标的功能

课程目标制约课程的规划，也规定了课程的具体内容和具体教学组织，同时也影响着学生的学习方法和活动习惯，它也是实施课程的基础和评价课程是否成功的标准，更是学校教育目的和学生培养方向的实际体现。由此可知，课程目标具备很多功能，具体包括激励功能、引导功能和标准化功能。

课程目标的激励功能指的是其可以激发学生的学习动机，并加以维持。教师为学生展现课程目标，可以变相激发学生的学习动力，让学生为了这一学习目标坚持不懈地努力。第一，产生积极性的动力是需要，而需要可以驱使一个人做出相应的个体活动。依据学生需要来规划体育课程目标，可以让学生为满足自身需要来努力实现体育课程目标，如中考的体育加试就是这个道理。初三年级的体育课程中和中考体育加试有关的知识和技能满足学生想要考高分、为进入高水平高中学校做准备的内部需求，学生也会为了提升中考分数而为之下功夫，他们会努力完成体育课程所安排的任务，以此来达到体育课程的目标。第二，兴趣是最好的老师。体育课程目标切合学生的兴趣爱好，可以较为明显地激发学生进行体育活动，学生会因此而不断努力。例如，学生对如篮球、足球等某一项体育运动感兴趣，教师可以就学生的兴趣规划课程目标，激励学生为了目标而加强学习和身体锻炼。如果设定的课程目标与学生的兴趣爱好没有关联，学生的积极性就不会被激励出来。第三，体育课程难度适宜学生的真实情况，可以激励学生为课程目标努力。根据苏联心理学家维果茨基的"最近发展区"理论，体育课程的目标要适当地超越学生的实际水平，让学生能够通过一定的努力而实现，这种做法能发挥课程目标的最大激励作用，且能够维持学生的学习动机。若课程目标要求的难度过大，就会让学生畏惧，不去尝试、不去努力，但课程目标要求的难度太小又无法发挥本该发挥的激励作用，学生的体育意识无法得到提升。

体育课程目标的引导功能指的是要规定、组织、调节教师和学生的体育行为。学生的学习活动具备多方向的特征，没有具体的目标引导，学生的活动方向就比较随意；反之，有了具体的活动目标，学生的活动就有了明确的发展方向。这种现象也适用于体育课程。一旦体育课程规划了目标，体育课程的实施就有了章法，在具体教学内容的规划和选择上也就有了方向，具体教学手段和学生的学习方法也就不会随意选择。体育课程的引导作用主要包括三点：首先，体育课程目标能为体育教育活动规划方向，能够促进体育教育活动的自发实施，它也能从侧面体现出学生自身的主观能动性以及对于体育活动的意识；其次，体育课程目标能引导体育教育活动按照有意义的方向前进，有利于提升具体教学效果；再次，体育课程目标能够提升体育教学活动的实际效益，有助于体育课程教学发挥更大的作用。

体育课程目标的标准化功能指的是检验、评估教学工作的实际结果。在具体的体育教学过程中，教师要时刻评价教育活动，随时掌握教育活动的效益，并根据实际情况对体育教学活动的教学方法和教学进度进行及时调整；在体育教学工作结束后，教师还要评级体育教学工作的整体效果。在这些评价活动中，课程目标是重要的评价标准；而对体育教育活动进行评价，最重要的是评价体育教育活动是否实现教学实施前的预设目标、预设目标完成的程度，所以教师一定要将实际教学效果与预设课程目标进行对照，从而检验和总结整个教学过程的各项操作。

（三）体育课程目标的来源

课程主要面向广大学习者，因此课程目标的基本来源之一就是学习者的学习需要。课程的主要任务是提升学生的智慧，并促进学生的全方面发展。而学生是接受体育课程实施的对象，也是体育课程学习的主体，没有发挥主体积极性的学生就没有体育课程和体育教学的实施。所以，体育课程目标首先要重视的是学生的具体需要。学生的需要指的是学生作为完整的个体而在人格发展上的需要，教师要根据学生的真实现状掌握学生的需要。从学习性质角度看，学生的需要除了包括其本身的自发需求，也包括其在后天具体的体育学习中所产生的新的需要。这就要求教师在规划体育课程目标时要从学生的各项需要出发，通过调查、搜集等方法掌握学生各方面的情况信息，并总结出各个学生之间的需要共性和理想标准，以此来与标准的教学模型进行对比，从而来确定两者之间的差距和学生发展的体育需要，进而规划科学合理的体育教程目标；从内容维度角度看，学生的需要包括其本身的身心发展需要和学习需要。教师在规划体育课程目标时要仔细研究以上两种需要之间的联系，并充分研讨学生在每一个具体时期可以学什么、应该学什么。

教师在具体规划体育课程目标时还要充分尊重和考虑广大学生的不同年龄和在个性和个体上的差异。从实践维度角度看，学生的需要包含学生当下的需要，也包含学生长久发展道路上的需要，而体育课程目标要解决的问题包含处理学生当下需要和长久需要之间的协调，以及以动态方式、动态观点对待学生的各种需要。学生的需要会因学生个体本身的发展和与社会的接触而慢慢发生变化、发展，进而会产生一定的提升，教师一定要动态化地观察和考量学生不同时期的具体需要。

除了上述内容外，教师在规划具体体育课程目标时要充分考虑不同学生的兴趣优势。教育本身是一个积极主动的行为过程，需要教师和学生双方共同努力来合作完成，而学生拥有学习的主体地位，教师要保证学生在教师团队根据学生的兴趣爱好规划好体育课程目标并切实实施后，能够积极主动地参与到具体的教学活动中，保证整个教学工作的开展和进行。当下，体育课程标准要求的基本教育理念就包含研究学生个体。例如，体育与健康课程的关注中心是满足学生的体育需要、尊重学生的情感体验。体育与健康课程要充分掌握不同学生的真实身体情况以及他们的兴趣爱好和优点长处、体育技能经验，还要关注不同学生的个体差异，并要求教师根据这些内容来规划具体的课程目标和教学工作。

学生既生活在学校，也在校外生活，身处社会。学生在成长过程中不断地社会化，所以教师规划课程目标也要考虑学生社会生活方面的需要。个体身处社会中的社会需要包含空间维度和时间维度。在空间维度角度上看，社会生活的需要指的是学生所属的社区、民族、国家甚至整个时代的发展需要；在时间维度角度看，社会生活的需要包括当下社会生活的需要，也包括社会伴随时代发展所可能产生的需要。当前社会，国际化、信息化趋势日益推进，并不断发展和不断更新变迁，社会生活的需要具体是民族性和国际性统一以及当下社会实际情况和未来发展情况统一。在规划体育课程目标时，教师要以学生所处的社会真实情况为基础，秉持公平、公正、民主的教育原则，综合考虑各个阶层、各个区域的学生的社会生活需要。体育课程目标要立足学生当下，着眼于学生未来，现在对学校体育课程目标所做出的工作会直接影响二十年后的体育教育。由此可见，体育课程已然不是社会发展的附加品，不再被动地去适应社会需要，而是在某种程度上决定着未来社会发展的新面貌，其本身具备对现有社会的反思批判与创新改进，且正在为将来的社会发展状态打基础、培养人才。所以，体育课程目标要具备一定的前瞻特征和适应特征，要保证以此目标指导的教育工作能适应现实和未来、符合个人和国家发展要求、适应当下社会情况、切合未来改造趋势。除此之外，体育课程目标要兼顾本区域、本民族甚至本国家的发展需求，要提高国际意识、拓宽国际视野，以此来平衡社会当下与社会未来，并将二者之间的共同需要诉求加以统一。

教育的本质是传承各种文化，而学校教育的重要目标就是传授校外社会活动所不易传授的知识技能。学校规划教育学科，是因为学科是某一领域知识最重要的组织形式，所以学科知识也是课程目标的重要来源。人类认识世界后积累总结出知识，知识对于人类身心发展和成长前进的影响力是十分巨大的，因为知识本身就是力量，学生个体接受了前辈们总结出的知识后，可以提高自己的社会力量，让自己的各方面发展水平在短时间内提升到较高的高度。没有知识的总结、积累和传授，人类社会的前进脚步会非常非常慢。人类的总体知识可以分为各种学科领域，每一个学科领域又分为很多小的领域分支，以便学生能学习到最系统、最规范的知识，构建最合理的知识架构，以便他们积累技能、提升自我。体育知识属于人类知识体系的一部分，而体育学科是为了方便教师为学生传授系统、规律的体育知识所规划而来的，教师在设定其目标时要考虑符合体育学科发展和进步的具体需求。

二、体育教学目标类型

（一）普遍性目标、行为性目标、形成性目标和表现性目标

体育课程教学目标的类型依据课程目标表征形式划分为四种类型，即普遍性目标、行为性目标、形成性目标和表现性目标。

普遍性目标指的是教师根据常规教育宗旨或教育原则来规划课程教学，并根据这些原则来规划具备一般性、规范性的课程目标，这种目标是基于教育理念、社会经济发展需求、社会意识形态以及人的知识经验而产生的，是一种古老又长时间保留的课程目标取向，具备一定的普遍性、模糊性、规范性。普遍性目标能够适用于十分广泛的教学范围，且足够灵活，使得教师有足够空间发挥教育工作的作用。但这种目标受经验和意识形态的约束，并且没有科学的理论依据，且目标本身偏向模糊、不易观测、不易评估，不同教师会有不同的理解甚至出现误解。

行为性目标指的是教师根据具体的、显而易见的、可控的、可观测的行为形式来规划出来的、容易表述的课程目标，这种目标强调出学生在具体学习活动后所产生的行为变化。行为性目标主要特征如下：第一，行为性目标注重目标的具体性、可实施性和可观测性；第二，行为性目标具备统一性，对所有学生都使用，且目标本身对每一位学生采用公平、公正的衡量标准；第三，行为目标具备预设性，目标本身在具体教学活动开展之前就已经被预设完毕。行为性目标有其独特的优势，这种优势包括可实施性和可观测性。这种目标让学校成为有效提供教育的平台，也让不同学校、同一年级的不同学科教育有了对比参照，且使得教师、教育督导、学生家长、学生等多方面的不同人士能够就教育进行沟通交流。除此之外，行为目标所具备的明确性为教师提供了教学任务、教学行为等方面的具体方向，有助于教师提升教学质量；行为目标也有其缺陷，具体而言，行为目标让教学可以被明确辨别，但目标本身不易评估、不易转化的问题却往往被忽略。行为目标能"打散"整体的教学内容，让教育内容分成各个独立的部分，这会对整体性教学和学生的整体性学习受到负面影响。由于行为目标是被预设的，所以行为目标很可能与现实情况相悖，且其往往被强加给学生和教师，很容易导致学生学习的主动性和积极性降低。

形成性目标也被称为"生成性目标"，指的是伴随教育课程的开展和实施，在特定的教育环境中根据教师和学生的实际情况自然而然地出现的课程目标，主要关注的是教育过程而不是教育结果。形成性目标结合学生的兴趣和能力以及不同个性，解决了教育过程与结果、教育方法和目标之间的对立问题，让学生在具体学习过程中为自己制定目标，这使得教育活动变得更加丰富和开放，也更加贴近教育本质；形成性目标的不足是教师会根据学生的需要和表现特征而随意地调整教学工作节奏，随时规划出教育目标。很多教师并没有达到形成性目标对教师的要求，以至于在具体的教学活动中表现得无所适从；即使可以达到形成性目标的要求，教师也会额外耗费大量精力。这种现象导致教师不一定采取形成性目标的教育手法，并且学生的学习活动存在各种可能发展的方向，形成性目标会让学生的学习活动盲目化。

表现性目标指的是每个学生都会在面对特定教育情景的各种机遇时变现出个性化的创造力，进而产生的目标。表现性目标具备独特性和首创性特征，强调学生在活动中要在一定程度上进行首创，且该目标是学生经历教学活动之后的产物。表现型目标为学生提供了互动领域和活动主题，并时刻关注学生在行为角度所表现出的个性和多元化特征，其本身的开放性可以激发学生的个性潜能。除此之外，表现性目标能让课程目标具备广泛的适用性，可以提高学生的个性思维和独创能力。但是，表现性目标也有缺陷，表现性目标不易引导学生的学习活动，且不易保证学生会自发学习本该掌握的知识技能。

（二）其余体育教学目标

根据体育课程目标的不同内容，传统体育课程目标可划分成身体发展目标、知识技能发展目标、思想品德发展目标等不同类型。当下时代，学校以总课程目标为基础将体育课程划分为运动参与、运动技能、身体健康、心理健康和社会适应力等领域的具体目标；以布鲁姆的教育目标为基础，体育课程目标可划分为认知目标、情感目标、动作技能目标等具体目标；以不同学习阶段为基础，体育课程目标可划分为小学体育目标、初中体育目标、高中体育目标、大学体育目标等具体目标。

三、体育教学目标体系要求

（一）学校体育课程目标体系要体现系统性

首先，从课程目标相互之间的关系角度看，体育教育要注重课程目标的系统性。教师在规划体育课程目标时要考量目标体系在横向、纵向等方面的关联，并保证上位目标和下位目标之间的相互适应，进而让各个层次的课程目标都具备阶段特性和递进作用。所谓体育教育课程目标的阶段性，指的是学校体育课程目标具备多层次特点，每个阶段都有其特定的阶段性目标；所谓体育教育课程目标的递进性指的是实现低年级课程目标是高年级课程目标实施的前提，高年级目标在一定程度上延续、拓展了低年级课程目标。教师在规划体育课程目标时要把握不同阶段各个目标之间的关联，也要把握体育课程目标与体育教育目标、培养目标、教学目标之间的联系，以此来更加合理、更加科学地规划体育教育策略。

其次，从体育课程目标的设立背景角度看，教师要综合研究和探讨教师、学生、教学环境、课程内容等教学系统要素，并综合考量体育教师的专业知识、教学方法和学科涵养等方面的素质水平，而且要关注学生的身心情况、学生所处社会的背景、学生现有的体育基础知识和体育技能等方面的素质水平。此外，教师在规划体育课程目标时要研究学生、教师、教学内容等三方面的内在联系。

再次，从体育课程目标的地位角度看，体育课程目标是整个体育课程体系的基础和中心，其与课程体系的其他方面互相制约又互相促进，教师在规划体育课程目标时不能忽略这一点。

（二）学校体育课程目标体系要体现整体性

完整的体育课程目标要保障其在纵向上不同阶段的目标之间相互关联、相互递进的关系性，也要保障其在横向上的系统性，更要注重其本身内部结构的整体性；完整的体育课程目标要统一和完善认知目标、情感体验目标和技能目标三方面内容，通过长期研究和长期实践使这三者和谐统一，不能只注重学生认知能力的发展而忽略学生的情感体验和技能提升。

（三）学校体育课程目标体系要体现具体性

体育课程目标的具体化指的是课程目标要足够明确、足够具体，不能不符合实际，也不能模糊不清。体育课程目标的任务是为教与学提供目标答案，如果这种答案不够清晰、不便理解，就会影响教育工作解决"教什么""如何教""如何学""教的怎么样"等具体问题，并无法让体育课程目标产生应有的效益，教师和学生也会因此失去努力方向，进而让预期的教育效果变为空谈。

（四）学校体育课程目标体系要体现层次性

课程目标像教育和课程一样，都具备一定的层次性。这种层次性指的是课程目标体系本身具有层次性特点，而特定的课程目标可以呈现出具体教学结果的层次性。学生每一次学习进步都要通过从完成低层次目标转变为完成高层次目标的过程来得以实现，具体表现为在认识性角度认识、了解、理解、应用，在技能知识角度模仿、完成、掌握、应用，在体验知识角度感受、认同、形成等。此外，不同学生在学习目标上也存在不同层次的个体化差异，而教师必须根据这种多层次的差异来规划具体体育课程目标。

（五）学校体育课程目标体系要体现适应性

为适应社会日益更新的需求，教师在规划体育课程目标时要注重其适应性特点。教师要重视学生本身基础知识、基本技能、基本素养的培养，也要掌握学生的现有能力、创新精神和未来发展方向，并提高体育课程目标的时代性水平。

四、体育教学目标解析

（一）现行体育课程目标体系的组成

学校体育课程目标体系以"健康第一"为指导思想，由体育课程的横向目标群和纵向目标群以及内部架构目标共同组成，体育课程目标的横向目标群即体育课程的领域目标，具体包括运动参与目标、运动技能目标、身体健康目标、心理健康和社会适应目标等多种目标；体育课程目标的纵向目标群即不同学习阶段设定的体育课程目标，具体包括即小学阶段的水平一、水平二和水平三，初中阶段的水平四，高中阶段的水平五、水平六（发展目标）以及大学阶段的基本目标与发展目标等多种目标；体育课程目标的内部结构目标包括认知性目标、技能性目标和体验性目标等多种目标，且体育课程目标的横向目标群和纵向目标群也具备各自本身的内部结构体系。

（二）现行体育课程目标结构特点

现当代社会，各个学校规划的体育课程目标从总体目标的表述角度看，仍然没有完全摆脱过去传统教育种的身体发育目标、知识技能目标以及思想品德发展目标的大框架，但具体的课程目标体系结构更加清晰、详尽、完善。课程目标的横向领域目标群包括运动参与目标、运动技能目标、身体健康目标、心理健康目标和社会适应目标等五个领域，体育课程的这五个领域目标包括两条发展线：运动主线、健康主线。运动主线指的是运动参与、运动技能，健康主线指的是身体发展、心理发展、社会适应。在这五个领域中，健康主线是核心，运动主线是实施载体，且五个领域互相并列又相互联系。没有健康核心、没有运动载体，体育课程就失去了教育意义。我国在 2002 年颁布的《全国普通高等学校体育课程教学指导纲要》也是以这五个领域目标为基础来划分具体体育教学目标的。由此可知，学校体育课程目标在横向领域目标群上具有特定的统一性。与传统的体育课程目标相比，现代社会的体育课程目标更加完善，其适应性更强，也更能突显体育教育的价值和作用，体育课程目标的指向性因此变得更加清楚。

（三）现行体育课程目标体系层次性特点

现行的体育课程目标明确阐述了五个领域目标的内容维度，并规划了在不同学段、不同水平的五个领域目标维度所要到达的具体水平，大学校园的领域目标也体现出五个领域的基本维度。在不同学段，五个领域的维度存在递进关系。例如，由水平一到大学的整个过程对运动参与目标包含的"具有积极参与体育活动的态度和行为"内容的表述可总结为如下顺序的内容：① 提起对体育课的学习兴趣；② 善于学习和展示相对简单的运动动作和行为；③ 主动地、积极地参与到运动动作的学习活动中；④ 积极参与体育相关的活动并主动养成良好的体育习惯；⑤ 说服他人、带动他人一起参与体育活动；⑥ 积极参与各种体育活动并基本养成自觉锻炼的习惯，基本形成终身体育的意识；⑦ 具备良好的体育锻炼习惯。由此看出，运动参与目标在不同时期的具体体现具有递进特征，其余四个领域与此领域相同。

在某种维度、某一领域，现行的体育课程目标比传统体育课程目标更能够展现出学生学习成果的层次性。学生想要完成学习目标、掌握系统知识和各种技能，就一定会历经各个层次的目标要求，通常情况下，经历的过程是从较低层次指向较高层次。此外，现行的体育课程目标经常被用来衡量学生是否实现课程学习目标，因为其本身具备鲜明的层次性特点。

现行的体育课程目标要求学生在达成课程预设目标后需要体现出在行为学习结果上的层次性进步。例如，学生在"获得运动基础知识"目标达成后，后续目标就更替为从水平三的"知道所练习运动项目的术语"到水平四的"了解所学项目的简单技战术知识和竞赛规则"再到水平五的"认识多种运动项目的价值"，在此基础上，学生对于体育赛事的目标就阐述为从水平三的"观看体育比赛"—水平四"观赏体育比赛"—水平五"关注国内外的重大体育赛事"。通过以上内容，我们可以清楚地发现同一体育课程目标在整个过程中所体现出的层次性。

传统教育中的体育课程目标往往以更加宏观、更加模糊的"普遍性目标"为体育教学目标，而相对的，虽然现行体育课程目标在文字具体表述上依然采用"普遍性目标"，但拓展了具体的分支领域目标和各种形式的体育目标。此外，现当代中小学体育课程也在运用"普遍性目标"的基础上酌情采纳了"行为性目标""生成性目标""表现性目标"。

五、体育教学主要原则

规划具体的体育课程内容是为了实现具体的体育课程目标，所以教师要保证体育课程内容的规划和体育课程目标的规划互相统一。有关学者研究了体育教师"确定运动项目和知识作为体育课程内容的原因"，研究显示，体育教师规划体育课程内容时首先会探讨是否"适应学校条件"，其次是是否"深受学生喜爱"，然后是"运动项目的趣味性"是否合理、教师本身能否做到"体育教师能承担该项目教学"，最后是所要规划的体育课程目标是否"具有教育性"。

上述"适应学校条件""体育教师能承担该项目教学"表明体育教师在规划教学课程内容时首先要看教学内容是否可行，原因包括三个方面：第一，目前很多学校的体育场地设施不够完善，无法保证体育课程教学顺利进行，这也使得很多规划好的体育运动项目无法顺利开展，这种现象在乡镇学校尤为普遍；第二，部分体育教师本身的专业水平有限，不能适应体育课程改革的前进脚步，很多体育项目都是体育教师无法掌握、无法教学的；第三，部分体育教师也不愿意花费额外时间和精力来学习新的体育项目。这三种方面的原因，无论哪一种都不利于体育课程的规划和体育教学的实施。上述"深受学生喜爱""运动项目的趣味性""具有教育性"要求体育教师在规划体育教学课程时要注重学生的具体需求以及课程内容本身的趣味度和教育度。体育教师是以体育教育者的身份来规划体育课程内容的，要坚持"以学生为中心"，把课程内容当作提高学生体育素质的载体，这可以满足学生学习体育知识、提高自身体育能力。

结合以上内容，作者认为规划体育课程内容的具体原则包括以下几个方面。

（一）与体育课程目标一致性的原则

体育教学与体育课程目标一致性的原则，指的是教师在规划具体体育课程内容时要保证能完成这些内容的教学工作，而体育课程内容应该健康、文明、具备一定的教育意义，且能促进学生身心发展。此外，体育教师在规划体育教程内容时要考虑学生的个性特点，可以选择带有中国风格和地方特色的教学内容，从而最大限度地保证学生掌握和领悟体育的文化内涵和运动价值。

（二）教育性的原则

体育教学课程的教育性原则指的是体育课程内容要有教育意义，可以促进学生某些体育素质的发展和提高，如体育文化知识水平、竞争意识、社会规范意识、社会心理、思想品德、体育运动技能的掌握和应用水平、体育运动历史文化熏陶等方面的素质。与其他原则相比，教育性原则相对宏观笼统，不易被分辨、不易被掌握。而体育课程终究是服务于学校整体教学课程的，本身具备一定的教育责任。教师在规划体育教学课程时要以教育性原则为基础，以身体实践活动的教学方式来提升学生的身心素质，从而让教育目标得以实现。

（三）健身性与安全性的原则

体育教学课程的健身性与安全性的原则指的是教师规划体育课程内容时要保证内容本身能让学生提高身心素质和运动水平，且要保证具体教学工作的安全性，因为安全是学校教育首要保证的教学基础，也是学生健康成长的必要前提。所谓安全性原则，指的是课程内容要服务于学生的身心健康，能够促进学生体育能力的提高，也注重教师要在安全的体育教学环境和安全的体育设备的基础上展开体育教学，保证学生不受到来自运动项目和体育教学内容带来的不可控的伤害。

（四）可行性的原则

体育教学课程的可行性的原则指的是教师在规划体育课程内容时要考虑学校的实际体育设施水平、教师本身的教学能力和学生的真实体育情况。具备教育意义的体育课程内容必须要保证良好的师资条件、必备的场地、合理的体育设施条件、适宜的教学地域和适宜的教学环境等教学基础，这些教学基础不达标，体育教学就是不可行的。

（五）趣味性的原则

体育教学课程的趣味性原则指的是教师所规划的体育课程内容要能够引发学生的体育兴趣，让学生积极参与到体育活动中，并切实感受体育乐趣。学生产生了体育兴趣才会积极地学校体育知识，教师要在符合目标一致原则、可行性原则的体育内容中根据具体趣味性来规划合适的体育课程内容。

（六）社会性的原则

体育教学课程的社会性原则要求教师在遵循上述所有原则的前提下，尽可能地让体育教学内容变得更加具有体育特色和当代流行的运动特色，从而提升体育教学的效果。

体育课程内容的选择原则被确定后，相应的问题也会浮出水面。在体育教师群体中，占比最大的教师们认为体育课程内容要具备一定的健身性，且他们在规划体育课程时更关注学校的体育条件，而不是体育教学的具体意义；部分体育教师认为体育课程要足够安全，但体育课程的目标规划要兼顾学生的体育爱好。这些问题出现原因分为两种：第一，部分体育教师对体育课程内容所要求的条件了解不足，他们认为在教学过程中可以安排任何体育项目；第二，部分体育教师本身知道在规划体育课程内容时要保证内容的教育性、与教学目标一致性、符合学校体育实际条件等，但具体规划内容时却忽略课程内容的要求。这两个原因都说明部分体育教师并没有按照上述体育课程内容的规划原则来认真钻研，这种现象会直接对体育教学产生负面影响，进而降低实现体育课程内容教学的可能性。

第二章　体育教学的方式和应用

体育学科的教学是总体教育分科教学的产物，其本身比较复杂，其目标是让学生学习并掌握相应的体育技能、体育知识，这就要求教师要针对体育教学随时调动队伍、组织队伍，保障学生的身心健康和个人安全。本章分为三个部分：体育教学方法的发展、体育教学方法的运用、高校体育教学方法的改革与创新。

第一节　体育教学方法的发展

一、体育教学方法的概念

（一）体育教学方法及相关概念

体育教学方法的概念指的是体育教师和学生以完成体育教学任务为目标所采用的工作形式。体育教学方法与体育教学法的概念并不相通，因为体育教学法的概念可以分为广义概念和狭义概念两种。从广义角度看，体育教育法的概念包含教学目标、教学内容、教学过程、教学原则、教学组织与方法、教学分析与评价等研究内容；从狭义角度看，体育教学法的概念指的是为了有效完成体育教学任务而采取的一系列教学手法和措施。此外，教学方法和教学方式在概念上也有所不同，教学方法是由诸多教学方式所构成的，两者既不同又有联系，主要体现为教师运用某种特定的学习方法就会用到某些特定的教学工具和教学设施，而教学方式特指教师在教学过程中所用到的具体的教学工具、教学场地等教学媒介实物。

（二）体育教学方法的本质特点

体育教学方法的本质是学生脑力、体力、心理等各方面活动的程序运作方式，包括掌握知识技能、掌握技能技术、发展体育逻辑等。体育教学方法与体育教学内容密不可分，前者是后者在运动方式上的特殊展现，而体育教学方法具体指师生之间如语言的、主观的、实际操作的、身体锻炼等信息的沟通和交流，合理运用体育教学方法能够激发学生主动性，提高学生的体力、智力、身心健康水平，也能使学生掌握"三基"有关的知识、发展自身的体育素质。除此之外，体育教学方法也是检查教师、检查学生以及评价教师教学质量、评价学生学习效果的重要标准。

（三）体育教学方法的意义与作用

1. 有效地完成体育教学任务

毛泽东同志曾就方法的重要性打过一个生动的比方：好比任务是过河，方法就是桥或船，"不解决桥和船的问题，任务也只是瞎说一顿"。因此，为了有效地完成体育教学多方面任务，必须依赖和运用一定的教学方法。

2. 教学方法是教学过程中最重要的组成部分

体育教学方法在教学过程中，与教学内容、教学组织形式等诸因素是相互影响、相互依存的。教学方法起到一定的中介作用，通过它把教师与学生连接起来，使学生与教材，学生与学生融为一体，从而保证了体育教学的教养、教育、发展任务的完成。教学方法不仅起到中介作用，而且对激发学生锻炼的热情，提高学生练习的兴趣，也具有重要作用。当然，这里所指的是教学方法的最优选择和整体效应，只有做到符合教学规律，适应学生的特点，方能起到积极的激励作用。

3. 教学方法有助于检查和评估教师和学生在教学过程中的质量与效果

对于一个高校体育教师来说，需要具备一定的文化素养与职业能力，在教学过程上，要拥有属于自己的良好的教学方法。如果其自身只拥有高校体育教育相关的专业知识，而不具备可以完成体育教学的科学的教学方法，就很难成功担任高校体育教学工作。通常情况下，教师在教学过程中所表现出来的教学方法的优劣，不仅会影响到自身的教学质量，还会影响到自己在学生中的地位与威望。所以说，在对体育教师的教学质量进行评估的时候，主要是对其教学方法的运用进行评估。

（四）制约体育教学方法的因素

在体育教学理论与方法当中，教师观与学生观两方面是对科学的世界观与方法论的具体表现。相较于现代的教学观，传统教学观更强调在教学过程当中，要以教师为中心，以课堂为中心，以教材为中心。在传统的学生规则下，学生是被动接受知识的客体，教师在教学方法上对学生传授知识的选择是填鸭式的。也正因此，通过总结经验教训，使得现代教学观与学生观认为，在教学过程当中，应当将教师作为指导，将学生作为主体，教学方法的选择应当是启发式的，鼓励学生自主学习。从传统的教学观与学生观转变为现代的教学观，关于教学观，我们可以明显地发现，科学的世界观与方法论在很大程度上受到了现代社会飞速发展的科学技术的影响，而正因此，也使得教学方法等会在不久的将来发生颠覆性的改革与变化。

通过对教学方法的概念进行研究，我们可以发现，教学方法本身是为了能够更好地完成体育教学的目的与任务。对于我们来说，要想对教学方法的实效性进行检验，就需要从某种教学方法出发，评估此种教学方法对所完成的教学任务的作用。总而言之，教学的目的与任务会对教师在教学过程的教学方法的选择有一定程度上的限制。

尽管现代的体育教学内容繁多，但归根结底都是身体练习。在体育教学当中，为了能够使学生更好地掌握某些动作技术，就需要选择合适的教学方法，只有保证选择的教学方法与体育教材相契合，它才可能是我们所说的科学的教学方法。

通常来说，教学原则就是在教学过程当中所需要遵守的一些基本要求。并且在教学过程当中，不管任何环节都需要遵守教学原则，教学方法亦如是。就比如在对教学方法进行运用的过程当中，需要遵守自觉积极性的原则，教学活动需要借助于教师与学生的共同努力，在这一过程当中，教师应当发挥主导性，学生应当发挥主观能动性，否则无论什么样的教学方法，都不会获得良好的效果。

在体育教学过程当中，只有借助体育教学场地的设备与器材，才能够更好地发挥出体育教学方法的作用。对于体育教师来说，在教学过程当中，在拥有学校所购买的物质器材基础上，还应当发挥勤俭的精神自己制作所需器材，从而能够更好地运用体育教学方法。综上所述，教学方法会受到教学的目的与任务以及教学内容与教学对象等影响，反之教学方法会对教学的目的与任务产生十分重要的影响。

二、体育教学方法的分类

（一）视觉信息类体育教学方法

1. 以人体本身为信源的视觉信息类体育教学方法

（1）将体育教师作为信源的体育教学方法。这一类的教学方法，内容形式多种多样，分别为示范、手势、步伐等，并且需要注意的是，每种形式都有着独属于自己的作用，不可等闲视之。在进行运动技能教学的时候，教师的动作示范发挥着十分重要的作用。在运动技能教学初期，学生可以根据教师的动作示范粗略地掌握运动技能，从而养成正确的动作概念与运动表现，也能够更加积极主动地学习。除此之外，教师还应当使学生准备好接收信息，以便能够更好地提高信息的接收量与效率。在进行动作技能教学的过程当中，教师应当选择合适的位置进行展示，以便所教授学生都能清晰地看到每一个动作变化。在此之后就是对学生所学习的运动技能进行改进与提高，教师应当根据，此阶段学生学习的情况，以及需要完成的任务而选择合适的动作方式。体育教师可以在动作示范过程当中有意识地放缓动作，使学生观看得更加清晰，也能够提高学生的判断分析的能力。除了慢速示范之外，还可进行正误动作对比示范以及完整的常速示范等，需要格外注意的一点是必须要保证每个学生都能观看得清楚。

（2）将学生作为信源的体育教学方法。这种方法种类多样，其中包含有身体练习、步伐、表情等等。对于学生来说，在进行身体练习的过程当中需要根据自身所掌握的动作的熟练程度与复杂程度确定是分解做还是完整做。对于学生所学习的大多数动作结构来说，简单的可以采用完整法，复杂的就需要采用分解法。在动作技能形成的初期，学生只需完成最基本的动作结构，并且不出现较为明显的动作错误即可。在此之后，对于动作的掌握，学生应当表现得更加熟练、准确与协调，并且还需要掌握完整的动作。在对动作技能进行巩固与运用自如的阶段，学生即使在周围条件变化的情况下，也能够熟练且准确地掌握动作。

2. 以实物为信源的视觉信息类体育教学方法

在进行体育教学的过程当中，有很多都是将实物作为信源方式，就比如通过教学挂图进行演示，或者在教学模型当中设置各种幻灯，又或者是选择电影和录像等，以此使得学生能够更好地了解运动技术结构以及形象的信息，使得学生能够对其中的各种细节进行长时间且细致的观察，由此更好地提高运动表现的清晰度以及概念形成的准确度。通过在教具模型中放置的幻灯等为学生提供准确的指示动的方向以及动作的弧度等，使得学生能够更好地了解体育动作，值得注意的是，这一类的信息在体育教学中主要起到辅助教学的功能。

在进行教学实践的过程当中，通过将上述两种训练方式进行有机结合，并对人与物的关系进行正确的处理，从而获得更好的教学效果。

（二）听觉信息类体育教学方法

1. 以人体为信源的听觉信息类体育教学方法

借助于人体所发出来的听觉信息，一般分为两种，分别是外部信息与内部信息。其中，外部信息指的是语言讲解、口令、评价等；内部信息指的是默诵、自我暗示等。在体育教学的过程当中，体育教师主要借助于外部信息开展教学，学生则通过这两种听觉信息进行学习。

2. 以实物为信源的听觉信息类体育教学方法

（1）录音机。通过使用录音机能够在体育教学的过程当中播放指挥做操的口令，学生也能根据指令做操。不止如此，录音机还能够播放各种合适的音乐，从而指导学生练习韵律操、舞蹈等等。

（2）口笛。在体育教学的过程当中，通过口笛发出的笛声来对学生的学习活动进行指挥，因为体育教师发出的笛声，不同学生会根据不同的信息做出不同的动作。

（3）节拍器。通过节拍器的运动，能够确保学生的动作是按照一定的节拍进行的，由此就能够使学生养成良好的动作节奏习惯，也能够很好地感悟动作的速度感。

除此之外，发令枪的声音，以及电铃声等都会对体育教学过程当中教师与学生教学活动的听觉信息产生影响，值得注意的是，这些都是将实物作为信源的听觉信息类的体育教学方式。

（三）动觉、触觉与本体感觉信息类体育教学方法

通常来说，要想使这一类的体育教学方法获得与体育教学相关的信息，主要可以通过动觉、触觉与本体感觉。在信息来源方面，或是学生的机体自身又或是

他人。通过这一类方法，能够使学生在接受体育教学的时候，准确了解施展动作时的用力方向、幅度以及顺序，从而能够更好地掌握正确的姿势。

1. 信息来自学生机体的教学方法

（1）动觉信息类。这种学习方式，借助于学生通过自身的动觉中枢，接收信息实现的。要想让学生的动觉中枢发挥作用，可以通过提高动作的速度感的学习方式来实现。

（2）触觉信息类。这种学习方式需要借助学生的触觉，就比如在踢足球的时候，可以通过用脚与球接触的触觉来不断改进完善自己的踢球技术。

（3）本体感觉信息类。这种学习方式需要学生利用自己的肌肉本体感觉来对信息进行接收。就比如在倒立的时候，一旦本体感觉到失去平衡，就会立刻调整自己的知识以稳定重心。

2. 信息来自他人的教学方法

（1）动觉信息类。这种学习方式可以使学生通过动觉中枢来对体外信息进行接收。就比如在学习单杠挂膝摆动上动作的时候，通过他人的帮助，学生就能够利用自身的动觉中枢准确地感知到摆动动作的要领，在经过多次练习之后，学生就可以不借助他人的帮助独立完成这些动作。

（2）触觉信息类。想要通过这种学习方式来接触体外信息，就需要学生利用自己的触觉感知。就比如在做两臂侧平举的练习时，学生借助于教师扶持的帮助，做出正确的动作，并对完成这一动作的姿势与位置进行体会与了解。

（3）本体感觉信息类。若要通过这种学习方式来感知体外信息，就需要学生借助于自己的本体感觉进行感知。比如学生在做倒立动作时，会出现失去平衡的情况，这个时候教师就可以通过帮助学生移动自己身体，从而使之重新平衡。在经过多次练习之后，学生就能够熟练地掌握这一动作。

三、体育教学方法的历史与演变

（一）体育教学方法简史

自从体育教学现象出现之后，体育教学方法也随之产生，值得注意的是，体育教学方法并不是在体育课堂教学出现后才出现的，并且有部分体育教学方法在近代体育课出现之前，就已经存在了，这些体育教学方法广泛存在于民间体育的传授当中。就比如在民间的武术教学当中，就有着关于武术的教学方法；在民间杂技的传承当中，就有着与现代体操教学类似的教学方法；在与江河有关的传承运动当中，就存在着与现代游泳教学相似的教学方法，诸如此类。但可惜的是，当时的人们并没有对这些教学方法进行科学的总结。直到近现代体育教学的发展，人们终于开始重视体育教学方法，并将其作为重点教学理论进行研究，也正因此，体育教学方法得以飞速发展。在现实生活当中，有诸多元素会影响到体育教学方法的发展，其中，影响最大的是其所处时代的时代特征。值得注意的是，相较于其他学科，体育教学内容更容易受到时代的影响，所以也导致体育教学方法的发展会受到体育教学内容因时代变化而产生的变迁的影响。

在封建社会与资本主义社会的前期，我们所说的体育更多的是指军队当中军人的训练，这些训练的目的是能够更好地发展身体，也正因此，在这种训练当中，占据主导地位的是训练与注入的教学方法。通常来说，当时的教学方法偏向于对某些内容进行苦练并重复，以此来使自身形成运动记忆，增强自己的体能。这种体育教学方式较为落后，主要因为当时的社会性质以及体育教育并不发达。

一直到近代的资本主义社会，生产力得到了发展，社会也有了较大的进步，各类竞技体育项目因此而蓬勃发展。竞技体育本身就饱含着人本主义与自然体育的精神，向人们充分地展示了青春的活力，值得注意的是，相较于操练与兵操，竞技体育要更加复杂，因此，落后的苦练式教学方法就不再适用于竞技体育的教学了。鉴于此，现代的体育教学方法应当有目的性地提高自己的教学速度与教学效率等，这使得诸如新的演示与小集团教学法等新型体育教学方法应运而生。

在现代，体育已经成为一种文化，甚至于还成了一个较为成熟的教育领域，体育的内容开始向着健康教育与心理训练、安全教育等方面迅速发展。但随着时代的发展，与体育相关的知识与技能也在不断地增多，这就使得体育教学与体育教学方法随之发展。在现代的体育教学当中，不只要培养学生对相关的知识与技能加以掌握，还需要使学生能够养成娱乐、锻炼与观赏体育的态度和能力，也需要帮助其建立足够的自信心，培养良好的行为规范等等。所以说，在这一环境下，体育教学方法也开始了飞速的发展，借助于现代影像媒体的发展，体育教学方法得以发展得层次更高也更科学。

值得注意的是，伴随着现代体育教学方法的不断发展与完善，传统的体育教学方法并没有过时或消失，这是因为体育教学方法会受到时代特征的影响，使其具有与这个时代相关的代表性与倾向性。从不同时代的教学方法当中，我们能够准确地认识到某一时期的社会生产与科学文化的发展现状，也能够准确的了解到体育教学理论与体育教学实践发生变革的特点。

总而言之，体育教学方法并不是恒定不变的，它会伴随着体育教学实践的内部与外部条件发生的变化而变化，并且还会随着体育教学内容的发展而发展。

（二）体育教学方法的"不断发展"与"相对稳定"

1. 体育教学方法不断发展

教学技术是体育教学方法的主体，并且，体育教学方法的技术也在不断地发展与完善。借助于科学技术的发展以及体育教学内容的发展、体育教学理论的发展等因素的影响，体育教学方法得以快速发展。体育教学方法得到改善，主要是受到了科学技术进步的影响，一般而言，表现在以下几个方面。伴随着计算机技术的进步，在体育教学过程当中，对运动技术进行示范也能够更加准确，同时不会再受到时间与空间的限制，学习者可以任意调整演示动作的快慢与大小。通过计算机对体育教学过程当中个别动作技术进行讲解、示范与展示，使得体育教学方法发生了根本性的改变。就比如可以通过心理拓展训练，使得组织内部更加凝聚，更加团结；借助于野外生存的训练，能够更加有效地开发野外活动中的组织方法与教学方法等。值得注意的是，体育教学理论的发展会对体育教学方法产生一定程度上的影响，其中最为典型的就是"领会式教学法"，在以前的体育教学理论当中，很少有对运动技术类型进行分析，也很少有人认为，不同的运动技术项目应当选择不同的体育教学方法，对于各种运动项目来说，体育教学方法，并没有针对性的变化。但是，伴随着近年来对球类运动项目进行深入研究，为了能够更好地进行球类运动的教学，人们创造出了"领会式教学法"。

2. 体育教学方法相对稳定

伴随着人们对体育教学规律不断地进行深入了解，逐渐将自己所掌握的信息进行总结归纳，由此创造出了体育教学方法。值得注意的是，我们所知道的很多优秀的体育教学方法基本上都有着其存在的必然性，正因此，这些教学方法相较于其他教学方法也更为稳定。总而言之，尽管我们需要对体育教学方法不断地进行更新与完善，但是我们也需要注意对前人所留下来的一些好的教学方法，进行选择性地继承，毕竟这些教学方法当中也有可取之处，并不需要盲目地进行否定。

（三）当前体育教学方法的发展趋势

1. 体育教学方法的现代化

体育教学方法的现代化，通常情况下表现在体育教学设备的现代化上面。最开始的时候是在体育课堂中加入录像教学，通过录像，接受体育教育的学生的视野得以扩大，使得这些学生能够感受与体验到曾经无法接触的东西。现阶段则是通过计算机对体育教学进行辅助教学，通过利用各种教学课件，使得现阶段的体育教学进入一个新的感知空间。就如同在体育教学过程当中使用教科书，在体育教学过程当中使用计算机也是相似的，这都是因为其受到了体育教学特殊性的影响。值得注意的是，与其他种类的教学发展速度相比，计算机辅助教学发展更慢，然而，可以明确的一点是，在未来使用多媒体对体育教学进行辅助是大势所趋。

2. 体育教学方法的心理学化

总的来说，我们可以将学习本身看作是一个心理过程，而对体育相关的知识学习与运动技能提高都可以看作是一个更加复杂的心理过程，所以，我们一般认为学习心理学与体育心理学作为基础学科对体育教学方法有着非常大的影响。随着近年来心理学研究的不断发展，通过心理学研究学习的特征，能够明确分析分解教学法与整体教学法，并以此作为十分重要的理论支撑。总而言之，体育教学方法得以进一步的改进与创新的理论支持，离不开脑科学与心理学的发展。

3. 体育教学方法的个性化、公平化和民主化

伴随着体育教学的发展，人们开始重视个性化。在传统的体育教学过程当中，更为重视以教师为中心，有着非常强的统一性，在这种教学模式下，会极大地压制学生的个性发展。在众多教学模式当中，最为突出的是体育教学，因为体育教学的学习效果在很大程度上依赖于学习者天生的身材与身体素质，所以说，新时期体育教学应当有针对性地对学生所存在的个体差异进行划分，以便能够更好地开展体育教学，确保实现公平教育。近年来，通过对体育教学方法进行探索，在这一方面获得了很多成功，诸多成功的经验也为之后教学方法的个性化改革提供

了启示。在体育教学过程当中，还应当坚持民主化，有些体育教学的形态的主要内容为操练与锻炼，在这时候，教师的口令与讲解就是非常重要的教法，而能够支撑起教学开展的是教师的尊严。但是需要注意的是，有些体育形态的主要内容以学生的身心发展为根本，并且最终目的是培养体育实践的能力，在这种条件下，体育教学过程当中的主要因素就是教师的指导与学生能够对学习进行自主探究，所以说我们应当坚持体育教学方法的民主与和谐。近年来，体育教学逐渐开始重视小群体教学法与快乐体育教学法等形式。

第二节　体育教学方法的运用

一、体育教学方法的选择

（一）正确选择体育教学方法的意义

体育教学方法伴随着体育教学实践而产生，甚至又有新的教学方法伴随着现阶段所推行的教学改革的深入而产生。因此，为确保体育教学质量得以达标，就需要在体育教学过程当中，体育教师正确的选择体育教学方法。经过对各种教学实践的总结与研究，我们能够确定要想获得最好的教学效果，体育教师所选择的教学方法就应当具有科学依据，并对教学过程中各种相关因素进行综合考虑。反之，如果毫无根据地使用体育教学方法或者错误地使用教学方法，就会不利于体育教学活动的开展。因此，体育教师只有正确的选择合适的教学方法，才能够取得教学的成功。所以说每个体育教师在进行体育教学方法的选择时，应当秉持科学恰当的原则。

（二）体育教学方法选择的依据

1. 根据具体的体育教学目标和任务进行选择

现阶段，我国的体育教学目标是希望利用体育教学，使得学生能够增强自身体育卫生知识与体育保健知识，增强学生体质，促进身心发展，培养德、智、体全面发展的社会主义建设者。这是我国各级各类学校的共性目标。通常情况下，我们将体育教学目标分为三类，分别是学期目标、单元目标与课时目标，对于体育教师来说，要想完成不同的教学目标任务，就需要选择不同的教学方法。就比如某一个教学目标较为强调对学生个性的培养，可以选用发现法、启发式教学法或学导式教学方法等；如果教学目标是在新授课上帮助学生建立初步的动作定型，可以运用讲解法、动作示范法以及完整与分解法等体育教学方法；如果教学目标只是强调对体育卫生、保健知识的传授，只需要选用讲解法等。因此，教师在选择教学方法的时候应当先确定自己需要完成什么样的教学目标，之后再根据所需完成教学目标的不同选择合适的教学方法。

2. 根据体育教材内容的性质和特点进行选择

各学校为了更好地培养学生意图，就需要借助体育教材，在教学过程当中，对于体育教学方法的选择的主要要求为需要能够最大限度地实现体育教材内容的传递，并且要想教授不同的体育教材的内容，就需要借助不同的体育教学方法。在对体育教材内容分类方面，我们将其分为田径、球类、体操等，对于不同种类的体育教学内容，就需要有不同的教育学，因此会衍生出不同的教学方法。通常情况下，我们会将体育教学方法分为两种，分别是一般的教学方法与具体的教学方法，之后再按照不同教学领域的需求，可以将体育教学方法分为基础知识的教学方法、技能类的教学方法、体能类的教学方法、娱乐类的教学方法四种。因为类型不同，所以对应的教学方法也不同，甚至于不同的动作教学过程当中，所使用的教学方法也是不同的。对于体育教师来说，应当选取合适的教学方法，以便适应不同的教学内容的需要。

3. 根据学生的实际情况进行选择

要想完整体现出体育教学方法本身的时效性特点，就需要明确学生对于各种体育知识与技术的学习与掌握情况。总的来说，在体育教学过程当中所选择的教学方法，应当与学生本身的条件与个性特征相契合，还需要依据学生的体育知识水平、智力发展水平、年龄特征、心理特点等方面来综合考虑。考虑到学生的这些实际情况，要从学生的实际出发，尊重学生的差别，更好地调动学生学习积极性，提高教学效果。体育教师在"备教材""备课堂""备学生"时，一定要对学生的实际情况心中有数，正确选择和运用体育教学方法。

4. 根据体育教师自身的素质进行选择

在体育教学过程当中，体育教师通过对相关教学方法进行深入的理解与把握能够在一定程度上更好地发挥出体育教学方法本身的作用，从而获得更好的教学效果。有些时候，尽管某一个教学方法本身表现良好，但是使用它的体育教师并不能对其完全掌握，也就不可能使其在体育教学过程当中发挥出良好的效果。总的来说，体育教师在选择体育教学方法的时候需要对自身的优点与缺点进行综合考虑，找到自己能够掌握的、与自己契合的体育教学方法。例如，发现法不错，却不适合不善于设置问题的教师。循环练习法能全面协调、发展学生的基本活动能力和身体素质，加大体育课的练习密度，但有些教师对各练习站点的练习情况驾驭不了，这种练习方法相对来说效果就显得差了。总而言之，体育教师在选择体育教学方法进行体育教学的时候需要严格注意其与自身的适配程度，发扬自己的长处，规避自己的短处，选择能够更好地在体育教学课程当中发挥出自己的优势的体育教学方法。同时，体育教学改革要加强师资队伍建设，不断提高体育教师的自身素质和水平，通过不断积累，对那些能够发挥出自己的实际优势的教学方法进行丰富，通过对自己所掌握的教学方法进行修改完善，使得自己能够形成适合的教学风格。

5. 根据教学条件进行选择

在对体育教学方法进行运用的时候需要依赖一定的媒介物，与此同时，在体育教学方法的选择上，还需要对教授体育课程的学校本身所具有的体育教学条件进行考量，比如该学校的体育教学器材、场地设施等。这些教学条件的满足，为教学方法的运用提供了必要的物质条件，是体育教学方法发挥作用的基础。因此，体育教师应合理地开发利用这些教学资源，特别是充分利用各种新时代的教学手段，使得教学方法能够不断地完善，进一步增强自身的功能够作用、扩大适用范围、提高教学效果。

（三）合理选择教学方法应考虑的因素

以教学理论与教学模式作为支撑就能够获得一定的教学方法，而且一定的教学理论与教学模式也会通过与之对应的教学方法进行体现。所以说，在进行体育教学方法的选择时，应当重点关注其成立的特殊内涵，从而能够有针对性地选择合适的教学方法。

通常来讲，教师与学生会利用教学方法来实现自己完成教学目标的目的，并且对教学方法进行合理地选择运用，最终也是为了能够更好地实现教学目标。总而言之，在对教学方法进行选择时，应当重点关注这一教学方法能够完成所制定的教学目标起到的作用，根据教学过程当中教学目标的不同，所选择的教学方法也应当随之变化。

在体育教学过程当中，不同的体育教材有着不同的特点与价值，通常情况下，体育教材自身的特点与价值会在一定程度上对之后教学目标的制定以及教学方法的选择与应用产生影响。正因如此，体育教师在教学过程当中选择体育教学方法的时候，应当重点关注体育教材自身的性质与价值，之后再根据体育教材自身的特点，选择合适的体育教学方法，从而能够更好地发挥体育教材自身的价值。

体育教学的一切活动都是为了学生的良好发展。但在教学过程中会面临着这些问题：教学目标是否适宜？教材的价值能否为学生所认识并利用？所选择的教学方法是否有针对性？这一系列问题都必须依据学生对"学的准备"。因此，教学方法的选择必须从学生身心发展的特点出发，充分考虑学生的可接受性，否则，难以收到应有的教学效果。

体育教学条件（这里主要指教学的场地器材、教具和班级人数多少等）会在体育教学方法的有效运用上产生一定程度上的影响。就比如学校所能提供的教学条件会对练习方法的变换、学习活动的组织等有一定程度上的限制。由此，我们可以确定，在对体育教学过程中的教学方法进行选择的时候需要着重考虑所处学校所能够提供的教学条件。

在教学经验、教学风格、教学意识等方面，不同的体育教师有着不同的特点，不同的体育教师各有其运用自如的教学方法及其组合。因此，体育教师在选择教学方法时还需认真考虑自身的教学基础，要衡量自己对各种教学方法的驾驭能力，面对一些自己以前不够熟悉的教学方法，必须经过深思熟虑的认真分析，并在运用过程中进行切合自己教学实际的再加工，切忌盲目模仿。否则，难以收到良好的教学效果。

体育教师在对体育教学方法进行选择的时候，不但要考虑到前文所述的诸多要素，还应当重点考虑教学方法选择、运用的"整体优化性"。通常情况下，我们所指的"整体优化性"有以下几点：其一，需要重视各种教学方法之间的比较，之后再选择最为契合的教学方法使用在体育教学当中，从而能够更好地达成教学目标，也更能够将体育教材中的特点与价值发挥出来。由此就需要体育教师能够更好地了解各种教学方法自身的特性，以及能够发挥自身价值的条件，之后还需要对教育教学本身的价值进行深入挖掘，从而确保能够发挥学生的主观能动性，培养学生学习的积极性以及创新思维等。其二是，需要重视各种教学方法之间的组合。现阶段流传的很多与教学相关的理论著作，在对教学方法进行阐述的时候，通常将体育教学方法单独列出来进行分析说明，与之有所不同的是实践过程当中的体育教学，在实际的体育教学过程当中，教师通常会将多种体育教学方法进行组合使用。通常情况下，我们认为在教学过程当中选择与使用教学方法的时候，应当选择多个合适的教学方法进行组合，以便能够更好地实现教学目标。在某些时候，选择重点使用某一个教学方法时，可以将其他的教学方法作为辅助使用，从而能够有效提高整体的教学效益。

二、体育课堂教学中学生学习方法的探索

（一）自主学习法

在教学过程当中，教师应当有意识地发挥出学生自身的主体作用，使其拥有能够自主进行学习的时间与空间，这就是自主学习法。教师不要把学生统得太死，使学生没有自主选择的余地，没有充分展现自己的空间，这对培养学生的独立能力和个性是非常不利的。因此，在教学活动中，不但要有集中讲授的时间，而且让学生有自主选择自主学习的时间和空间。

（二）合作学习法

现阶段在课程改革中最受重视的一种学习方法就是合作学习法。合作学习法是以小组为单位，每位同学相互协作，共同努力，依靠小组的力量来实现教学目标的一种方法。合作学习法最大的特点是每位同学在同一个平台上，充分发挥各自的长处和优势，相互学习，相互帮助，取长补短，使学生获得更多的知识和技能，取得更大的收益。体育教学中，无论是游戏、练习或比赛，都可采用合作学习法。

（三）探究学习法

通过使用探究学习法能够对学生的潜能进行挖掘，也能够在一定程度上更好地培养学生自身的创新意识与创新能力。在进行探究学习的过程当中，学生能够自主地对学习的内容进行积极地讨论与研究，从而在不同的学生所发表的意见中进行深入探究，最终找到适合自身的练习方法。体育教师在开展体育教学的时候可以先让学生发挥自己所能找到答案，而不是由教师直接将答案告诉学生。对于学生来说，通过自主探索可以对所学的知识进行深入理解，还能够在一定程度上提升自身的学习能力。在体育教学的过程当中，教师不应当过分追求学生的探究结果，而是应当重视学生获得相应结果的过程，积极鼓励学生，使其能够在探究当中进行学习与练习，以此锻炼自身的学习能力以及丰富自身所掌握的知识。

（四）自我展示法

值得注意的是，在传统的体育教学课堂当中，某些体育教师只关注学习成绩好的学生，将其他学生当作陪衬，在对某一动作选择示范学生的时候总是会选择这些被教师青睐的学生，这就导致很多学生没有向同学进行自我展示的机会，就算是进行展示也是因为教师需要他们展示自己的错误动作，这就在一定程度上打击了学生体育学习的积极性，甚至还会在一定程度上伤害到学生进行体育学习的自信心与自尊心。通过自我展示法就能够使学生向同学与教师充分展示自己的优点与长处，从而获得更为良好的学习效果，增强自身的体育学习积极性，培养自身对于体育学习的自尊心与自信心。

（五）收集资料法

收集资料法是让学生通过多种途径查阅和收集资料，使学生拓宽视野，获得更多的体育与健康的有关知识，加深对有关问题的认识和理解，培养体育运动的兴趣。在体育教学中，教师可改变一定的评价方式，不要把评价的内容只放在体能和运动技能方面，可通过学生查阅和收集资料的情况来评价学生的学习态度，并把学生收集到的资料作为学生成长档案袋的内容之一，也可定时或不定时地进行展示与交流学生收集的资料，以激发学生学习的积极性，使得学生能够获得更多相关的知识与方法，还能够使学生获得更为有效的学习能力。

三、体育教学方法的基本要求

（一）运用语言传递信息时需遵循的基本要求

通过教材知识结构就能使学生获得知识，并且，教师利用自己的语言使得学生能够对知识有效掌握，除此之外教师还会培养学生的运用能力。在教学过程当中，体育教师会对教学的内容进行一定程度上的加工与完善，使得所教授的教学内容更有逻辑，并且将那些一直处于静止状态的知识信息转变为输出状态的知识信息。总而言之，在开始体育教学之前，教师应当对体育教学教材进行深入研究与了解，对教学的内容进行有目的性地筛选，使得自己所教的体育教学内容更加系统，不只难易程度适当，而且条理清晰、重点突出。

在教学过程当中，体育教师应当确保自己的语言简练、清晰、生动，通过极富感染力的语言表达获得良好的教学效果。语言表达能力本身会受到先天因素的影响，要想提高可以借助后天的训练实现。在体育教学当中，体育教师应当保证自身的语言足够清晰简练、准确生动，使得自己的教学足够富有感染力与启发性，值得注意的是，体育教师的教学过程当中不仅要重视自身在授课时进行语言表达的举止与神态，还需要重视体育教学当中的无声语言的作用。

体育教师在教学过程当中要重视使用设问与疑问，通过设置相应的问题对接受体育教学的学生进行组织与引导，使其能够极为有效地解决自身的疑难问题，并且，还能够通过设置一环扣一环的问题使得学生一直保持学习的积极性，在这一过程当中，体育教师需要根据教学的需要以及所教学内容的特点，为学生设置一些有着启发意义与思考价值的问题。值得注意的是，体育教师所设置的问题需要根据学生自身的知识掌握程度与能力水平设置，选择合适的问题难度。体育教师在教学过程当中需要重视对学生进行鼓励与引导，并及时关注学生在学习中遇到的问题或出现的错误并帮助其进行改正。

在体育教学的过程当中通过利用黑板、挂图等进行辅助教学能够更好地提升教学效果，还能够有效提升在课堂中的教师讲解与学生之间的讨论的质量，由此，我们需要重视在之后的体育教学过程当中对诸如此类的教学辅助工具的运用。

（二）体育教学对动作示范方法的基本要求

在体育教学当中，体育教师应当秉持着明确的目的对学生进行动作示范。对于体育教师来说，在进行体育教学动作示范的时候需要根据体育教学的实际需要进行，值得注意的是，体育教师还应当对以下几种动作示范进行区分。体育教师教授给学生的知道什么与学什么的示范就是认知示范，在这种示范之下体育教师应当要求学生不必囿于细节，需要重点关注整体，而且这种示范应当确保正确且朴实。学法示范就是指对学生进行怎么学的示范，这种示范是为了能够使学生更加清晰且仔细地了解某些动作完成的顺序与技术要领，在这种示范之下，体育教师应当注意引导学生重点关注关键动作环节的重点部分。另外一种是错误示范，重点是使学生能够了解错误的动作示范，从而使得学生能够正确了解自己错误动作的外部特征。体育教师在进行错误示范的时候不但要确保能够完整地表现出错误的特征还需要确保动作的合理性，绝对不可过于夸张。在进行错误示范的时候需要遵守的要求与学法示范的要求大体上相同，值得注意的是，体育教师在进行示范的时候需要确保突出重点。

体育教师在进行动作示范的时候需要确保自身的示范动作足够正确且美观，具体而言，正确就是需要保证示范动作需要按照动作技术的要求完成，以此来确保学生能够在心里建立正确的动作印象；美观就是指体育教师在进行动作示范的时候需要保证自己的动作足够生动且能够吸引到学生的关注，从而引起学生学习与练习的兴趣，抱有积极性。

（三）运用以直接感知为主的方法的基本要求

体育教师在使用演示法进行体育教学的时候需要与上级所交代的体育教学过程中需要完成的任务相结合，充分地做好必要的准备。很多时候，在体育教学中所使用的道具并不会在市场上进行公开售卖，这时候就需要体育教师在获得需要的教学道具之后需要为其设计合适的演示时机与演示程序，最终将其与其他的教学程序有机结合并写入教案。体育教师在使用演示法之前需要先向学生提出之后需要解决的问题，引导学生带着问题去观察与思考。之后体育教师还需要帮助学生将学生自身的观察与思考进行有机结合并在自己所主导的各种实践活动当中帮助学生掌握观察的顺序与方法，从而有效提升学生在进行运动学习过程当中的观察能力。在演示结束之后，体育教师还需要对学生进行组织与引导，使学生能够利用讨论、问答等形式将自己通过观察所得到的感性认知上升至理性认识，并且还需要注意的是，可以将自己通过观察偶然得到的结果与必然的规律进行联系，从而使演示能够帮助学生更好地获取感性知识，同时对知识进行验证与理解。

（四）运用以身体为主的体育教学方法的基本要求

值得注意的是，教师应当对人在进行身体练习的时候所产生的运动负荷等因素进行科学的对待。在接受体育教学的过程当中最为重要的一个步骤就是进行身体练习，在这一过程当中学生所承担的运动负荷不仅仅需要确保能够进行技能学习还需要保证其能够提升自身的素质，除此之外不需要过度重视负荷，只需要确保符合运动技能并形成规律，并符合教材的特性。在体育学习的过程当中，身体练习需要与实际的操作能力进行有机结合，同时还需要使学生养成良好的习惯，以确保其能够自我监督、自我检查、自我评定等。

四、运用体育教学方法的注意事项

每一种教学方法都有各自的功能、特点及应用范围和具体条件，同时，体育教学内容不同，教学对象、条件不同，所选择的教学方法也不同。为了有效地完成教学任务，教师必须坚持系统的观点，把教学方法本身看作一个有机的系统，用优化观点统筹多样化的教学方法，需要保证使用的各种教学方法都能够互相配合，使之更好地发挥体育教学方法体系的整体功能。例如，教师在运用各种教学方法时，不仅要让学生观察，还要让学生看、听、想、练相结合，看、听是前提，想、练是深入，它们之间相互联系，相互促进。发挥视觉、听觉、动觉、思维整体效果是提高教学质量的关键。实践证明，单一使用某种教学方法难以满足体育教学的要求。

作为对体育教学方法进行运用的指导思想，通过启发式教学能够使体育教师结合学生的实际情况选择合适的教学方式，更好地培养学生的学习兴趣与欲望，培养学生的学习积极性与主动性，通过创设情境使得学生能够更好地开展与体育相关的思维活动，教师还可以据此引导学生通过身体活动与相关体验深入了解与掌握体育相关的基础知识与技术。通过在体育教学过程当中使用启发式教学能够帮助学生更好地培养自身对所遇到的问题的思考、分析与解决的能力，也可以更好地培养学生的体育学习能力。

在体育教学过程若是教师所选择的体育教学方法不具有针对性就很难获得良好的教学效果，这就需要体育教师对体育教学方法进行全面且深入的了解，并在体育教学过程当中根据当时情况的不同选择合适的方法。比如在进行运动技能的教学的时候，合格的体育教师会根据体育运动技能形成的不同阶段选择合适的教学方法，不管是使用语言法还是直观法又或者是练习法都应当有所差别。又比如在体育教学的过程当中对于同种性质的篮球教材也可以选择完整法、分解法、游戏法、竞赛法等等进行教学；又或者是在进行垫上前后滚翻的动作教学的时候，某些学生会出现动作错误，这个时候体育教师就应当有针对性地选择适宜的能够对错误进行纠正的方法。在体育教师进行备课的时候会根据理论上的情况进行体育教学方法的设计，但是到了实际教学的时候经常会出现各种突发状况，这就导致体育教师需要根据当时的实际情况对所实行的教学方法进行相应的灵活性、创造性的变化。

通常情况下我们会根据运动技能的结构特点将其分为两种，分别是闭式与开式。其中闭式技能有着如下的特点，在完成动作的时候不会因为外界的环境变化而改变自己的动作，并且在动作结构上大多数都是一些重复性、周期性的动作，在完成动作之后自身所获得的反馈信息只可能来自本体感受器。开式技能主要有以下特点，在动作完成的时候通常情况下会根据周围环境的变化而改变自身的动作，并且动作结构上不再有着周期性的变化而是更为多样化，对于完成动作之后的反馈信息的接收主要是通过多种分析器对所有的反馈信息进行整合之后完成的，并且，在这之中起到主导作用的就是视觉分析器。值得注意的是，通常情况下，开式技能要比闭式技能更加复杂，现实生活中存在的大多数球类运动项目都属于开式运动技能。在运动技能形成的过程当中主要会经历以下三个阶段，分别是粗略掌握动作阶段、改进和提高动作阶段与巩固与运用自如阶段。详细论述粗略掌握动作阶段教学方法的运用。粗略掌握动作阶段主要运用语言与直观法，使学生明确动作学习的意义与任务，建立正确完整的动作表象与一般概念，通过完整法和尝试性的练习，初步建章动作的基本结构。在学生具有完整动作概念的基础上，注意"分解""助力""阻力"等方法的运用。为了使学生更好地掌握动作，在粗略掌握动作阶段往往通过简化动作要求，利用辅助器械等，帮助学生形成正确的动作结构。由于本阶段学生分析运动感觉的能力有限，所以这一阶段的评价，主要是来自教师的语言和学生本身的视觉监督。教师在对学生进行评价时，一是要抓住动作的基本结构，动作关键。二是要给学生指明视觉监督的具体方法与位置。三是要正确进行正误动作对照评价，掌握评价的分寸。在形成运动技能的最初阶段，学生出现一些动作技术的偏差是难免的，教学中要善于发现学生出现的严重错误，即对完成动作有严重影响的错误，并能找出产生这些错误的原因，采取有效措施及时加以纠正。

一般来说，普通的学生在接受体育教育之后主要需要发展一般力量，对于某些身体素质较好的学生来说可以偏向于发展力量耐力与力量型爆发。在进行体育教学的过程当中，体育教师应当重视发展学生的全面力量素质，使其能够协调发展，与此同时还需要将动力性力量与静力性力量、快速力量和慢速力量等练习进行合理配合、交替进行，从而能够确保学生自身的力量素质能够得到全面发展。在最开始进行练习的时候可以主要练习动力性小肌肉群的力量，在高中之后就需要重视大的肌肉群力量和进行静力性力量。在进行大的力量练习的时候不应当进行单一的静力性练习，应当重视综合性的力量练习，并且还需要将学生的力量练习与其他性质的练习交替进行，以此来提高学生自身的肌肉弹性。

第三节　高校体育教学方法的改革与创新

一、高校体育教学方法改革

（一）高校体育教学方法概述

1. 概念

若是从一般的教育学理论的角度出发可以发现教学方法本身是一个被逐步进行分化的概念，先是从教学原则当中被分化出来，后又从其中分离出教学方式。在高校的体育教学当中所使用的体育教学方法会在一定程度上对教学的质量、效率以及学生所能够接受的程度产生影响。并且，现阶段我国的很多高校所使用的教学方法都在一定程度上受到了传统的教学模式的影响，很难获得想要的教学效果。所以说，我们需要对高校的体育教学方法进行创新，使之能够适应时代的发展，从而更好地提升学生的综合素质。

在经过我国众多的专家学者对建构主义的体育教学方法进行深入研究分析之后，我们能够确定通常情况下所说的自上而下的体育教学方法指的是需要体育教师对学生进行引导的时候所提供的整体的体育教学任务，并且学生为了完成这一任务中诸多要求的内容而进行尝试学习技能的一种教学方法。通常来说，体育教学方法本身需要对每次进行体育教学时的教学情境、教学目标等进行改组，对学生采用间隔性的多次教学的方法；支架式体育教学方法是通过构建体育概念知识框架的方式对高校学生进行体育教学的一种方法。有学者提出了启发性、探究性的体育教学方法，并就其内涵作了简单概述。还有学者在分析高校体育教学方法存在问题时对体育教学方法的含义作了界定，认为体育教学方法是大教学方法中的一条分支，范畴较大的教学方法是指教育者在既定的教学目标和内容下的授课，而体育教学方法是指体育教育者完成体育教学既定教学目标的方式。关于体育比赛教学法的概念，其认为体育比赛教学法是从比赛训练教学法演进而来的体育教学方法，具体指教育者在主导控制体育教学过程中，以比赛的形式对学生进行其身体承受运动负荷范围内教学内容的一种教学方法。值得注意的是，在认知心理学视域之下，现代所使用的高校体育教学方法本身与传统的体育教学相比是一种以培养高校学生综合素质为教学目标，将传统体育教学中单纯的技能培养转变为注重体育知识、体育技能、学生身体素质等的一种教学方法。

纵观近年来国内学者对于高校体育教学方法相关概念的界定情况可看出，随着国内学者对高校体育教学方法研究的不断深入，学者对各类体育教学方法概念的界定逐渐具体、明晰、细化。因研究视角、个人观点的不同，国内学者对体育教学方法概念的界定可称之为仁者见仁，智者见智。就具体教学方法的概念界定未达成一致共识，同时国内学者对概念的界定也存在泛化、不够深入等问题。例如，学者江华对体育教学方法内涵的概述就存在界定不明晰、泛化、较浅的问题。任何一种教学方法都存在教师指导、学生学习的双边活动方法，它是由"教法"和"学法"组合而成的。在体育教学方法的运用过程中，教师的"教法"与学生的"学法"虽然分设两个不同的用词与含义，但它们是密不可分的。如教师在运用讲解动作要领的方法时，学生一定是在认真听讲，积极思维（学生实施思维法），如果没有做到这一点，那么教师的讲解效果就会大打折扣；教师在示范动作时，学生一定要注意观察（学生在运用观察法），才能在大脑里产生较为清晰的运动表象。因此，体育教学中教师的"教法"与学生的"学法"是相辅相成、相互制约的。我们之所以把体育教学方法一分为二，是因为要深入探究两者的深度，特别是学生的"学法"，它是近年来我们贯彻"以学生为中心"、解放教师灌输式教学的主要途径。因此，我们不能把教师的"教法"与学生的"学法"对立起来，也不能把它们简单相加，体育教学方法应充分体现师生在教学中相互联系、相互作用和相互统一的特点。

在长时间的体育教学实践当中，我们逐渐总结并发展完善了体育教学方法，值得注意的是，现阶段的很多体育教育领域的工作者十分重视研究探讨体育教学的方法，并且也在不断的研究过程当中积累了相当丰富的经验。在所积累的众多体育教学方法当中部分体育教学方法表现出一定的时代性，就比如曾经较为盛行的口授法，除此之外还有很多体育教学方法至今仍有着旺盛的生命力，非常值得我们对其进行总结与研究，并对其中合理的部分进行借鉴，我们将这种行为称为教学方法的继承性。对于体育教学来说，现阶段我们所使用的所有的教学方法都是从长时间的教学实践当中总结出来的经验，我们需要以科学的眼光对其有选择地进行继承与发扬，做到"古为今用"，并且对于一些西方盛行且有效果的教学方法，我们应当贯彻落实"洋为中用"的策略，并积极对体育教学方法进行创新与完善，使其能够更好地适应现阶段我们对于教学的需要，逐步发展与完善教学方法体系。

2.通常教学方法

（1）教师教授法

利用讲解法，体育教师通过口头语言为学生讲授体育相关的知识与运动技能，它是在体育教育过程当中最为重要且使用次数最多的一种教授方法。体育教师在使用这种教学方法进行教学的时候需要保证自身的语言足够清晰简练、明确生动，对所讲授的内容进行科学合理的组织，使得学生能够深入了解体育相关的知识，并且还需要注意了解的重点，确保所教授内容完整且有逻辑，还需要保证连贯，由此就能够完美地将体育相关的知识与品德教育相关的内容进行有机结合。

利用通俗易懂的语言引导学生学习，激发学生的学习兴趣，培养学生学习的自主性，从而为学生能够更加深入地进行体育学习奠定基础。在体育教师进行讲解的时候需要注意讲解的时机、时间、深度，同时还与要与教学辅助工具进行配合。

在教学过程当中通过教师与学生之间的互问互答的形式进行的教学方法叫作问答法，这种教学方法的使用与讲解法类似，都能够在学生进行体育练习或者教师开展体育教学示范的时候使用，这种教学方法在形式与使用上较为多变，比如面对面问答、课前课后提问、讨论问答等。当然，在使用的过程当中需要注意问答的技巧，教师应当确保所提问的问题的难度在学生可承受的范围之内，只需要学生经过自身的思考或者与同学的讨论就能够获得最终的答案。问答法本身不但能够有效集中学生的学习注意力，还能够激励学生更好地进行体育学生，锻炼学生的思考能力，培养学生的创新能力，由此就能够使得学生更加深入地理解所学知识与技能，从而提高学习的效率。

基于教学的目的与相应的要求，可以在教学过程当中使用动作示范法，在这期间无论是教师还是学生都可以使用自身所完成的动作作为示范，从而更好地引导、纠正学生们学习的方法，这种方法是现阶段在体育教育过程当中最为常用的一种较为直观的教学方法。将运动技术通过各种示范面的展示，包括正面、背面、侧面和镜面，对学生形成正确的动作表象、掌握和体会运动顺序及技术要领和技术特征等方面起到独特的作用。在进行示范的过程中，要根据动作技术的特征和学生的认识能力，准确、合理地安排和选择示范的速度、示范的位置和示范面，降低外界环境对学生观察示范动作的视线干扰，最大限度地保证全体学生都能看得见、看得清楚，并积极结合讲解、问答、讨论等方法，使学生能更清晰地认识和掌握动作要领及技术关键。

分解练习法是指根据相应的标准和原则，将完整的动作分成几部分，并依照一定的组合方式和顺序教授各个部分的方法。这种教育方法的优点是能把难度较大、较复杂的动作技术简单化和明了化，便于学生领会动作重点和难点，清晰动作结构，也有利于提高学生的自信心。但是，长期、单一地持续使用该方法容易破坏动作技术各部分之间的内在联系，

若是对每个部分的教学都孤立地看待，那么就很难使学生很好地掌握动作的连贯性与完整性，容易形成"会分段、难连贯"的现象。

与分解练习法截然不同，完整法不对动作技术进行任何分段，而是从动作技术的开始到结束完整、连贯地进行教学，这种方法比较适用于动作难度不高、动作结构简单及不可分解的运动技术教学。该法有利于保护动作技术的良好衔接性和动作结构完整性，但学生对其中的难点、重点或关键环节的学习和掌握效果就不及分解法。从整体上看，分解法与完整法是相互促进、相互补充的关系，即在使用分解法进行教学时，应及时使用完整法加以巩固，并纠正"为分解而分解"的错误观念。而在运用完整法时，也应适当加入分解法对动作关键和重点、难点进行强化练习，从而提高动作学习质量。二者有机地结合，既能让学生详细学习和掌握各技术环节，也能使其形成较好的整体概念和动作结构的完整性。

循环练习法就是指在体育教学的过程当中体育教师需要按照体育教学的目标需求与相应的物质条件为学生设计数量合适的练习手段，同时还需要设置相应的练习站点，之后引导学生按照教师所设定的顺序、路线、要求进行相应的站点练习，并进行循环。教师在进行设计的时候应当注意，需要保证设计中的所有练习都是学生已经学会的，之后对于练习的站点熟练最好设置为 6 至 8 个，并且需要保证整体的运动负荷呈现出上升的趋势，还需要对相关的运动负荷进行控制，确保其在学生的最大负荷的 1/3 至 2/3 之间，最终还需要保证大小负荷进行交替。教师在性练习动作的设计的时候应当保证其本身能够最大限度地发展学生的运动技能与运动素质，之后还需要按照肢体运动与运动素质练习的要求对相应的练习手段进行设置。教师需要充分发挥不同的练习手段表现的特点，并依此对其进行相应的要求与安排，并为学生设置相应的监督人员。最后，教师还需要加强对全局的掌控，提高对学生的安全教育与组织管理的重视程度。

运动游戏法是一种娱乐性较强，并具有特定情节、目的和运动负荷要求的活动。与纯粹的游戏不同，它旨在使学生在游戏中通过一定量的身体练习学习和获得相关的运动知识。其内容丰富、形式多样、组织灵活，在实施过程中可根据学生的实际情况和对游戏内容、规则和要求等做出相应的调整。游戏趣味性明显，能较好地吸引学生的注意力，激发学习兴趣，缓解各种不良情绪和心理状态，对学生的运动心理能产生良好影响，也能促进其思考和判断、创新能力的发展。

通常来讲，运动竞赛法就是利用比赛的形式提升学生自身的身体素质、知识技能、运动技术等的娱乐性方法，值得注意的是这种教学方法本身有着十分显著的竞争力，表现出十分明显的竞技性，在这种教学方法下，对于学生来说最为重要的就是获得比赛的胜利。通过运动竞赛法能够使学生充分感受到比赛所带来的刺激性与教育性，能够有效地激发学生对于体育学习的热情，还能够在一定程度上培养学生的良好品德以及良好的自我概念，还能够培养学生的自信心。比赛本身有着十分显著的不确定性，这就导致学生会在比赛的过程当中更好地完善自身的综合能力，更好地发展自己的个性。一般来说，运动游戏法与运动竞赛法都能够有效激发学生在学习过程当中的积极性，还能够在一定程度上巩固与完善体育教学内容，甚至于还会有效改善学生对体育学习与身体锻炼的态度、意识、价值观，更好地帮助良好的社会行为与优良的思想品德素质的形成。但是需要注意的是，在对这两种教学方法进行使用的过程当中应当注意，它们都会对学生实施场景诱导，从而有效激发学生的参与兴趣，之后再由教师利用相应的教学方法对学生进行安全教育。教师在进行游戏或者比赛的安排的时候应当注意，需要确保所有的安排都符合体育教学的目的与内容，绝对不能够"为游戏而游戏，为比赛而比赛"。在此过程当中，教学需要做到监控全场，对所有的学生生理与心理上的各种反应进行观察与分析，确保能够及时对运动的负荷进行调控。除此之外还需要注意的是，教师在选择开展体育教学相关的游戏或者比赛的时候需要对学生进行分组，这个时候就应当有目的地对不同实力的学生进行安排，确保不同的组之间的实力差距足够小，足够均衡，由此才能够更好地扩大游戏或者比赛的吸引力，值得注意的是，在一切结束之后教师还应当对整个实施的过程进行总结，总结内容包含有活动结果、学生自身的运动技术与技能情况等等，通过总结能够有效帮助学生更好地发现自己的优势与不足，从而引导其更好地补齐自己的短板，建立起正确的自我概念。一般而言，在教学过程当中，这两种教学方法配合起来使用会获得更加合适的效果。

（2）学生学习法

自主学习是在教师的指导下，学生根据自身条件和需要进行制定学习目标、选择学习内容和学习方法、设计学习计划和步骤、安排学习时间和环境等活动，并将它们付诸实施的一种独立学习方法。它需要学生能正确地分析和处理"为什么学""学什么""什么时候学""怎么学""在哪里学""和谁学"等问题，具有明显的能动性、独立性及创造性等特点。通过不断地自主探究可以产生以下的效果：有利于体现学生的主体地位，激发学生的学习热情；学生在体育学习中逐步经历从"能学""想学"到"会学"的过渡，有利于提高体育教育的学习效果，为终身体育的形成奠定基础；有利于培养学生主动观察、勤于思考的习惯，从而培养学生良好的学习知识的意识与态度，并且还能够更好地提升学生自身发现问题、研究问题、解决问题的能力；有助于培养学生独立思考能力，并能使他们积极进行创新思维活动，全面提高自己的认知能力和水平。

探究式学习是体育教师在教育过程中，采用设疑等方式，引导学生在本学科领域中对各种问题和现象采用独立或互助等形式进行分析和研究的方法，旨在使学生通过自己各种积极、主动的探索活动获得体育知识，提高运动技术和技能水平，改变学习态度，发展学习能力及创新意识能力。

3. 选择与应用

在本章第二节中，已就体育教学方法的运用和选择进行了较为系统的论述。本段作为对高校体育教学方法概述的补充和对前文内容的强调，将再次对体育教学方法的选择应用进行简要阐述。

在高校体育教学实践过程当中，会有很多的因素对其加以影响，并且在不同情况之下，教学方法也会发挥着不同的作用。由此，我们可以确定教学方法本身有着多样性的特点。值得注意的是，在教学过程当中，我们应当重视教学方法自身的科学性，艺术性与综合性的有机结合，从而获得良好的体育教学方法，并且还应当对其进行灵活的变化。尽管时间研究之后可以发现，教学方法本身存在着优点与缺点，并不具备普适性，不能够完全适应所有的教学条件。

在进行体育教学方法的选择时，应当基于一定的科学依据。在进行体育教学的过程当中，教师可以根据相应的教学规律来选择合适的解决方法，值得注意的是，教学方法本身与教学的目标、内容与对象等都有着一定程度上的关联，在进行教学方法选择的时候，我们可以根据相关的内在本质联系进行科学的教学方法的选择。

在进行教学方法的选择时，不但应当确定教学方法本身具有一定的科学性，还应当在具体的实践过程当中确保其本身有着灵活性、艺术性与创造性等特点。在高校体育教学实践过程当中，应当根据具体的条件与实际的需要，对教学方法进行选择与变化。

在高校体育教学实践过程当中，教师在对教学方法进行选择时，应当基于综合性的特点。对于不同的高校体育教师来说，为更好地开展体育教学活动，会选择适合自己的与他人有所差异的教学方法体系。这就是说，在进行高校体育教学方法选择的时候，不同的体育教师存在着一定程度上的差异，只需要确保可以取得良好的教学效果，就可以对决定的教学方法进行使用与发展。

总的来说，在外界环境不断变化的过程当中，体育教学的内容也在不断地发展与变化，由此，我们也可以确定教学对象也会发生一定程度上的变化，这就需要体育教育工作者对相关的教学方法进行对应的发展与完善。所以说，在高校体育教学过程当中，对教学方法进行选择时，应当基于发展的眼光选择。

体育教学目标的主要特征之一是多层次性，身体发展目标、技能发展目标、知识发展目标、社会发展目标和情感发展目标等是体育教学目标的不同层次。为了实现不同的教学目标，应采用不同的教学方法。在体育教学中教学目标并不是孤立的，它是多种目标的综合，而每一单元、每一堂课目标的侧重点是不同的。因此，在教学过程中，应根据具体的课堂教学目标选择重点发展某一方面的教学方法。课时教学目标是体育教学总目标的具体化，这一目标具有很强的指导性，它既有相应的运动技能和运动理论方面的知识，也有心理和品质品格方面的内容，针对这些不同的教学目标，应选择与之相匹配的教学方法。

体育教学的内容与教学方法之间具有密切的关系，如对一些技术动作教学内容应采用主观的示范操作的方法，而对一些原理和知识结构方面的内容则应注重运用语言法进行讲解。不同性质的体育教学内容，应采取相应的教学方法。每一种教学方法为实现一定的目标而运用在某一教材内容时，其效果也会表现出一定的差异性。因此，在体育教学过程中，应注重教学方法的灵活性。

在高校体育教学过程当中，教学环境本身会对教学方法的选择产生一定程度上的影响。其中，教学环境一般是指教学的场地与设施设备、班级人数等等，并且，高校之外的社会文化环境，也会对高校的教学环境产生一定程度上的影响。此外，教学环境一定会对教学方法产生制约。比如，某些教学方法需要借助相关的教学设施设备才能够获得想要的教学目标，但是高校自身所拥有的教学资源，会在一定程度上对体育教师所选择的教学方法产生影响。

在体育教学的过程当中会使用到教学方法，教学方法的实施对象是高校的大学生，而且高校之所以使用各种教学方法进行教学就是为了能够更好地帮助大学生开展学习。总而言之，教师在体育教学开始之前应当确定合适的体育教学方法，以保证其与大学生自身的特点与实际的情况相契合。通常情况下，我们认为大学生实际情况本身包含的内容十分丰富，其中包括大学生自身的年龄特点、性别特征、生理发育情况等等。在大学期间，大学自身身心发展过程呈现出阶段性的特点。并且，在大学期间不同年级的大学生所表现出的身心发展特点存在着十分明显的差异性。我们还需要注意，之所以部分男女对于体育的态度存在着差异性是因为男女在性别上存在着差异性，所以说，教师在教学的过程当中应当重视通过合适的教学手段充分调动起学生的学习积极性。

大学生的经验和知识储备以及其相应的学习能力也是高校教师选择不同的教学方法的重要依据。对于知识储备量较为丰富，已经掌握了基础的知识技能，并且学习能力较强的学生，其在学习新的体育技能时能够更快、更好地掌握。此时，教师可采用合理的教学方法促进学生的技能水平向着更高的水平发展。

（二）高校体育教学方法改革与发展

1. 发展历程

在体育教学方法的发展过程当中，会受到众多因素的影响，其中影响最为显著的是时代特征。但是因为体育相关的教学内容受到时代的影响会远远超过其他学科，这就导致体育教学方法本身会受到体育教学相关内容变迁的影响。尽管体育教学方法会不断地发展与创新，但是并不会全部遭到淘汰，这是因为其自身反映了其所处时代特征，并且有着当前时代的代表性与倾向性。若是对相关的体育教学方法进行研究，可以深入了解某一时期的社会生产与科学文化的发展情况，从而获知体育相关的变革特点。

作为高校体育工作的中心环节，高校体育教学方法是高校教育体系的重要的一部分。其自身能够更好地进行素质教育的开展，也能够更加有效地对学生的个性发展进行培养。伴随着高校体育课程改革的全面推行，为了能够更好地提高学生的身体素质，国家开始从教学方法、体育课程内容与体育课程结构三个方面开始进行改革，由此使得体育课程改革进入了良好的发展阶段。在1992年我国确立了基础体育课、选项体育课、选修体育课和保健体育课四种体育课程模式作为体育课程的教学目标，由此，我国的高校体育课程改革有了明确的方向。1999年，我国教育部进行了第三次的体育课程改革，加快体育基础教育课程改革步伐，全面推进素质教育。在2002年，教育部根据《中共中央国务院关于深化教育改革全面推进素质教育的决定》和国务院批准发布施行的《学校体育工作条例》的精神，实施了普通高等学校体育课程教学指导纲要。最终确定了体育课程的性质、课程目标、课程设置、课程结构、课程内容与教学方法、课程建设与课程资源的开发和课程评价。最终使得我国的高校体育课程改革能够与时俱进，不断促进高校体育学生的身心健康发展。

2. 发展现状

伴随着我国体育教学事业的不断改革，高校也越来越注重学生的身体素质发展水平，着力促进学生的全面发展，培养学生终身体育的意识。

近年来，我国的体育事业取得了很大的进步，我国俨然已成为体育强国、体育大国。我国的很多高校逐渐开始重视体育教学，并且开始着力提升学生自身的身体素质，促进学生自身的全面健康发展。值得注意的是，伴随着近年来我国的教育事业不断地改革与创新，较为传统的教学方法已经不能满足当前的教育目标及要求，在崇尚素质教育发展的今天，体育教学也应该顺应时代的潮流，改变传统的教学方法，积极创新，提升教学质量，培养学生的体育精神及体育意识，促进体育教学更加人性化与科学化，更加符合我国综合性人才培养的要求及目标。

3. 现有问题

（1）教学目标不科学

在传统的体育教学观念的影响之下，现阶段，在高校体育教学过程当中，仍旧将提升学生的身体素质，使其掌握体育运动技能作为主要目标，依旧没有重视培养学生的体育能力与心理素质。伴随着近年来我国教育事业的深化改革，开始逐渐重视对学生综合素质的培养。对于体育教学来说，也应当顺应时代发展，更加重视提升学生的身体素质水平，还应当重点培养学生的体育意识与体育能力，培养学生的心理素质。由此就能够使学生在进入社会之后更好地适应压力，并为社会发挥出自身的价值。

（2）教学方法落后

现阶段，在我国的很多高校的体育教学当中存在的主要问题就是教学方法的落后。体育教学采用的仍是传统的"一言堂"的教学方法，教师在课堂上教授体育运动的技能，学生进行分组或个人技能练习，课堂氛围枯燥，学生的积极性也不高，对教师教授的内容也难以扎实掌握，由于课堂的时间较短，学生的问题也难以得到教师的及时解答。久而久之，学生的体育热情逐渐下降，体育教学的质量水平也令人担忧。除此之外，教师在进行体育教学时没有考虑到学生的差异化问题，没有做到因材施教，这样接受程度较高的学生难以得到更好的发展，而接受程度较差的学生又无法牢固掌握所学知识，积极性逐渐下降，体育教学的目标也无法实现。因此，改变传统的教学方法，对当前的体育教学方法进行创新是高校需要重点关注的问题。

（3）教学理念落后

在传统教学观念的影响之下，现阶段的很多高校体育教学过程当中，仍旧只关注对学生进行知识的灌输，相关教学内容也不够有趣，教师并没有意识到学生应当在课堂中占据主体地位，也并没有注意培养学生的综合素质。很多高校并不重视体育教学，这就使得部分体育教师的教学理念没有进步，也就没有办法满足学生的学习需求，从而无法获得良好的体育教学效果。

（4）教学模式单一

在高校体育教学过程当中，有部分体育教师只是照本宣科，并没有一个明确的教学目标，也没有设计出合理且有趣的教学流程。由此，不但没有办法完成新课标的标准要求，也没有对体育教学做出合理的创新，这就使得学生在体育学习过程当中无法产生学习的主动性。由此，我们可以知道，这种落后的教学模式，因为没有与良好的理论与实践进行有机结合，也就没有办法从根本上提高实践教学水平。

（5）体育教学硬件条件不完善

在高校体育教学过程当中，需要有着完备的硬件设施，尤其是为了适应大学生对体育知识与技能的学习，更应该提供与教学相关的器材与设施。就比如为了在体育教学当中培养学生的足球技能，就应当提供合适的足球场地与足球。但是现阶段，很多高校的体育课程并不能正常进行，很多学校都是通过视频录像的形式开展教学，甚至于有些学校完全放弃了体育课程，这就在一定程度上对高校体育教学的进步产生了阻碍。

（6）体育评价不合理

在我国的高校体育教学当中，总是将相关的检测成绩作为课程考核的标准，简单来说，就是体育教师会将某一项体育技能作为教学成果的测试项目，并为其设置相应的标准作为达标的要求，从而对学生的体育成绩进行测试。但是值得注意的是，不同的学生个体不同，在其自身的素质水平方面，也存在着差异，在体育技能方面有着非常大的差别。比如有部分学生，尽管在体育学习过程当中十分努力，但是其自身先天条件导致身体素质较低就很难通过相关检测。当努力没有获得回报，就会使部分学生失去体育学习的兴趣，从而导致学习的积极性降低，甚至会对体育课程产生抵触情绪。

（7）师生之间缺乏沟通

在现阶段的高校体育教学过程当中，教师与学生之间并没有进行足够有效的沟通。教师在课堂上讲授体育相关的知识与技能之后，学生在练习的过程中，难免会遇到相关的问题，但是因为课堂时间较短，教师与学生之间就很难有足够的时间进行沟通，这就会导致教学的效率不够令人满意，从而使得教师与学生之间的关系变得紧张，因此，难以获得理想的体育教学效果。所以说应当改变传统的教学方法，加强教师与学生之间的沟通与交流，有目的性地培养学生的体育学习热情。

4. 改革对策

对以上问题的解决需要教师下定决心战胜困难，并有效防止体育教学方法单一化，确保体育教学方法足够新颖且实用，具有可操作性。从而能够使学生获得蓬勃的积极性与求知欲。现阶段，高校体育教师要大胆摒弃有碍学生发展的落后教学方法，从根本上改变传统体育教学过度重视技能的灌输式教学方法，高校体育教师要基于现实需要，不再拘泥于传统格局，将学生的兴趣爱好与之有机结合，从而创造出能够对学生的学习产生积极影响的体育教学方法，体育教师应当为学生提供一个合适的学习环境，为其营造良好的学习氛围，使其能够长时间对学习抱有兴趣，使得体育教学活动的整体质量和效果得到质的提高，推动学生养成独立思考、独立分析、积极实践的良好习惯，从根本上帮助学生实现全面健康发展。

要想使高校在进行体育教学的时候能够坚持创新就需要保证各项教学活动能够有机统一，简而言之，作为一项"教"与"学"进行互动的活动，体育教学活动需要体育教师与学生共同参与，如果在体育教学活动当中没有学生的参与，就不能将这一教学活动称为完整意义上的体育教学活动。反过来说，只有学生参与却没有教师参与的体育教学活动，其教学效果同样十分有限。体育教学活动要想取得理想的教学效果，就需要体育教师能够重视自身与学生、教材、教学内容、教学方法等等方面的相互关系。

体育教师要想获得一次有着良好效果的教学活动就需要正确且合适地处理自身与学生、教材、内容、方法等方面的关系，在对教学方法进行创新的时候需要注意的一点是重点考虑学生的实际需要。总而言之，在进行教学的时候需要确保教师与学生能够统一，以便更好地开展体育教学活动，从而实现"教"与"学"的统一。

5. 发展趋势

伴随着百年来的中国近代体育教学的发展，我国的体育教学已经形成了一个十分成熟的学科，伴随着时代的发展，教学方法也在与时俱进，相较于传统的师傅传授的教学方法已经发展成了有着自己特点的教法体系。伴随着时代的发展，科学技术也在不断地发展，教育学、心理学也有了新发展，这时候体育教学方法逐渐出现了现代化、心理学化、民主化等明显的趋势。

与整个教学方法的现代化相同，体育教学方法的现代化主要表现在相关教学设备的现代化上面。在最开始的时候是在体育教学当中使用录像，由此，能够更好地拓展学生的视野，使得他们能够了解到一些在体育课程当中无法感觉与体验的东西。现阶段则是使用计算机进行体育教学的辅助，通过各种教学相关的辅助课件使得学生的体育学习拥有全新的感知空间。

通常而言，我们认为学习本身是一个心理过程，那么，体育相关的知识与运动技能的学习，可以看作是一个更为复杂的心理过程。所以说，学习心理学与体育心理学是对体育教学方法影响最大的基础学科。伴随着心理学研究的不断发展，这两种基础学科的研究专家开始使用相关研究对运动学习的过程进行证明，并将所获得的研究成果应用在体育教学方法的改革上。值得注意的是，近年来脑科学开始逐渐发展使得心理学能够为体育教学方法的改革与创新提供理论支持。

随着体育教学方法的发展，人们开始重视个性化。在传统的体育教学过程当中，教师占据着中心地位，整个教学呈现出较强的统一性。但是，体育学习在一定程度上与学习者自身的身体素质有着密切的联系，这就需要对不同的个体进行针对性的体育教学。所以说现阶段我们应当重视对体育教学方法进行个性化的改革。民主化教学也是如此，在体育教学过程当中，教师的口令与讲解十分重要，但是，随着近年来更为重视对学生的体育实践能力进行培养，就需要引导学生开始自主地进行探究性的学习。所以说，人们更加重视体育教学方法，有着民主和谐的特点，近年来有着民主化趋势的教学方法，主要有小群体教学法与快乐教学法，等等。

二、高校体育教学方法创新

（一）多媒体技术

1. 特点

（1）多媒体教学技术的多维性特征

通常来说，多媒体技术所拥有的多维性特征，具体是指在教学当中，多媒体教学技术自身所展现出来地对信息范围进行处理的拓展与扩大空间的能力。这一能力能够通过变换、加工等方式对输入的信息进行操作，从而使得输出的信息的表现能力获得增强，丰富其显示效果。比如，在高校体育教学过程当中，通过多媒体技术进行辅助教学，不但能够帮助学生更好地进行文本知识的学习，还能够使其更加清楚直观地了解到体育教师的动作演示，从而获得更为良好的体育教学效果。

（2）多媒体教学技术的集成性特征

所谓的多媒体技术的集成性特征，主要指的是多媒体技术能够将不同类别的多种媒体信息有机地进行同步组合，例如，声音、文字、图像等，进而促进多媒体完整信息的相册。此外，集成性还存在另外一层含义，指的是对这些多媒体信息进行处理的工具或者设备的集成，包含视频设备、储存系统、音响设备、计算机系统等的继承，总而言之，指的是在提供的各种设备上将各种媒体紧密地进行关联，使文字、声音、图片与音像的处理实现一体化。

（3）多媒体教学技术的交互性特征

所谓的多媒体教学技术的交互性特征，主要指的是人和人之间、人和机器之间、机器和机器之间的交互活动，也就是人和机器进行对话的能力，也就是使用者同机器之间进行沟通的能力。这也是多媒体计算机系统不同于传统音响、电视机等家电设备的地方。根据实际的需要，人们能够选择、控制、检索多媒体系统，同时，还能够参与到播放多媒体信息与组织多媒体节目的行列中。传统的只能对编排好的节目被动接收的电视机形式已经被打破。

（4）多媒体教学技术的数字化特征

一般而言，我们所说的多媒体教学技术，自身的数字化特征指的是在多媒体计算机系统当中各种各样的信息会通过数字的形式进行存储，最终得以处理。通常来说，在数字化处理的前提下，我们会建立相应的多媒体技术，比如，通过矢量的方式进行，或是通过数字编码的方式进行存储与处理的音视频等。伴随着数字化技术的飞速发展，在教学过程当中，多媒体教学技术也得到了广泛的传播与发展。

2. 优势

在多媒体教学当中，通过将文字、图形等和动画、音视频进行有机结合，能够更好地展示体育教学的内容，多媒体教学技术的表现形式与表现手段十分丰富且多样，能够灵活地进行变换，有着十分独特的优势。

在传统的高校体育教学模式当中，教师是教学的中心，借助于多媒体技术，能够有效改善传统的高校体育教学模式。在高校体育教学过程当中，高校体育教师能够通过多媒体教学等手段，更好地与学生之间进行交流与沟通，能够有效激发学生的体育参与意识，也因此，更好地展现了多媒体教学的教育思想，即将学生的"学"作为教学的中心。由此就能够更好地促进高价体育教学方法的实践性与多样性变革，在一定程度上改变学生获取体育知识与学习体育技能的思路与方式。

在传统的体育教学过程当中，教师的教学方法更为重视讲授，并通过挂图等方式作为教学的辅助手段。在进行体育教学实践的过程当中，就需要体育教师对动作进行讲解与示范，但是值得注意的是，相关动作很难做到足够规范与标准，并且，仅仅通过简单的示范，学生也很难在内心建立起正确的动作概念，也正因此，很难获得良好的体育教学效果。

3.CAI 技术应用

目前，CAI（计算机辅助教学）正迎来了一个多媒体大面积教学的时代，即使用先进的计算机技术、多媒体技术、网络技术、通信技术和设备，"让最好的教师面向最广大的学生的时代"。所以，保证 CAI 课件大数量、高质量的发展具有十分深远的意义。对于近年来，对 CAI 中多媒体技术的应用情况进行综合分析，可以得知多媒体 CAI 的应用存在三个方面的发展趋势，具体内容如下。

从功能上来讲，多媒体教学软件与智能教学辅助系统之间存在着互补的关系，如果能够将两者进行结合，那么就能够规避短处的同时而发扬长处，进而使得性能较高的新一代多媒体 CAI 系统得以顺势而生。如果想要使多媒体 CAI 具备一定智能性的问题得以实现，那么就不仅仅需要同人工智能领域的知识表达与知识推理紧密联系在一起，同时还需要对学生模型的建构问题进行考虑。在人工智能领域的知识表达与知识推理问题上，需要探求出一种能够与多媒体环境相适应的新型的知识表达方式及与之相对应的推理机制。除此以外，还能够尽可能地保证多媒体知识库中导航功能的智能化发展。智能化导航在具备一般导航功能的同时，还能够按照当前学生的知识水平，对学生最合适的下一步路径进行及时的建议，如果学生碰到了困难，就要对学生进行帮助等。

4. 基于 Web 的多媒体课件设计

基于 Web 的体育多媒体网络课件的设计，更为重视在高校体育教学过程当中学生的中心地位。在主动获取知识的环境之下，相较于传统的教学方式，教师与学生在地位与作用等方面有着非常大的变化，教学设计理论也存在着一定程度上的差异。在对体育相关的网络课件进行设计的时候，应当重视将学生作为教学的重心，要求教师与学生进行更深层次的交互，从而，确保所设计的软件能够更好地对网络教学的特点进行体现。在进行体育相关的网络学习过程当中，应当更加重视学生的主体性，使其得到有效发展，并充分展示高校体育教学课内与课外的结合以及体育练习活动自觉参与的精神。需要确保学生基于此生体育练习的反馈信息，形成具有自身特色的高校体育教学理论与方法的理解。

通常情况下，在基于 Web 的体育多媒体网络课件的主要界面中，会存在两组能够对内容进行选择的按钮，分别是高校体育教学内容组的按钮与网络交互组的按钮。为了能够在一定程度上减少页面切换的数量，更好地提高教学课件的运行速度，就需要在对页面进行设置的时候，不但要对每一节进行按钮的设置，而且应当在每一章节设置切换按钮。对于某一方面的高校体育教学内容，可以利用多种体育教学手段，就比如文字介绍、动画讲解、录像片段等等。除此之外，为了丰富教学内容，还可以在课件中加入其他超文本链接形式的按钮。通过科学合理的方式，在网络课件页面上增加按钮，能够确保网络课件具有趣味性，更能够满足学生的各种需求。

基于 Web 的体育多媒体网络课件作用的主要表现是，使实践课中理论讲授时间紧且不系统的问题得到较好的解决，可在网上将体育课的教学内容完整系统地进行讲授，供不同需求的学生在网上进行个性化学习；可以利用多媒体的手段对体育运动技术动作要领进行形象生动地讲解，保证统一的、规范的动作，便于学生重复多次地进行观摩与学习，从而保证基于 Web 的体育多媒体网络课件对于课外体育锻炼能够起到很好的辅助作用；对于网络上能够提供的条件应该充分地利用，对于相关的问题，体育教师应该指导学生进行谈论，并且为其答疑解惑等。

（二）微课

1. 概念

所谓的微课，主要是指以视频的方式把教师在课堂内外教学活动开展过程中传授的教学环节或者强调的主要知识难点与重点进行展示的、新型的一种教学资源。微课具有一些比较显著的特点，即碎片化、突出重点、具备的交互性比较强、能够反复多次使用。微课作为一种全新的教学模式，能够使学生的碎片化学习活动随时随地地展开。

对于微课而言，其组成内容的核心就是示例片段，也就是课堂教学视频。不仅如此，微课也有同某个教学主题相对应的辅助性教学资源，例如，素材课件、教学设计、练习测试、教师点评、教学反思和学生反馈等。在一定的呈现方式和组织关系下，它们共同营造了资源单元应用的"小环境"，而这里所说的资源单元具有的显著特征是主题式的半结构化单元资源，因此，微课同传统单一资源类型的教学资源之间是有一定的差异存在的，主要表现在教学设计、教学课例、教学课件与教学反思等方面，同时，微课与上述的这些教学资源之间存在一定的联系，即微课作为一种新型的教学资源，其发展基础就是上述的这些教学资源。

2. 应用

高校体育教学模式与教学内容有着一定程度上的联系，在开展高校体育教学实践之前，高校体育教师应当按照一定的课程逻辑，将教学内容中的重点与难点提前进行标注，之后再根据现阶段的体育热点与教学内容进行结合，制作体育微课，并通过互联网等渠道在学校范围内进行微课的传播，借助于微课的点击率与相关评论内容，高校体育教师能够更好地确定自己所教授的体育课程内容是否合理，确保更能够激发学生的学习兴趣。除此之外，在体育课程开始之前进行体育备课的传播，能够有效激发学生的学习积极性，使得学生更加期待之后的体育课程学习，由此激发学生的学习自主性，并在一定程度上提高学生的体育参与度。

对于体育微课而言，它不仅补充了传统的高校体育教学模式，还是多媒体时代下高校体育教学发展的必然结果。微课的逐渐出现使得原本的体育课程设计得到重新的定义，因此，就需要保证体育课程有理有据，有血有肉。在高校体育教学开展的后期阶段，将以往室内体育理论课与室外实践课分开开展的体育课程设计进行改变，将两者进行融合，同时，对于多媒体时代、大数据的时代特征进行考虑，在设计室内理论课的时候，可以以教师和学生的信息数据交流为主，使他们的头脑风暴在体育课程中掀起，呈现出更加公平、更加自由的体育课程。此外，在这样的形势下，体育教师的教学思维能够得到更进一步的更新，使学生体育学习的热情得到提升。

一方面，基于体育时事热点与体育课程的新内容等方面，体育教师能够对新颖的体育新课进行设计，并向微课导入，在体育课堂教学开展的过程中，组织学生集体观看，主要的目的在于吸引学生的注意力，激发他们的体育学习兴趣；另一方面，体育教师可以将高校开展的体育教学课程中学生难以迅速理解的复杂动作进行录制，通过微课的形式进行教学，同时，在体育课堂教学过程中，重复地向学生播放，将更加具体、更加直观、更加生动、更加形象的高校体育教学过程呈现出来。

体育教师可以根据新课内容和时事体育热点等方面设计新颖的新课导入微课，在课上给学生观看，目的是使学生的注意力得到吸引，使学生的学习兴趣得到激发；另一方面，对于高校体育教学中复杂的教学动作，教师可将其制作成微课，在上课过程中对学生进行重复播放，使高校体育教学过程教学更生动、更直观、更形象、更具体。

对于高校体育教学而言，每一节体育课堂教学的时间是 45 分钟，有限的高校体育教学时间，想使教师能够面面俱到地讲授内容，实现精细化教学几乎是不可能的。所以，一部分学生不能与教学节奏同步或者是学生不能对其所学运动技能充分掌握的情况必定会出现。因此，当体育课堂教学结束以后，教师可以将包含有高校体育教学重点的微课视频向学生发放，以便于学生能够在课堂结束以后，对于已经学习的技术动作进行练习，对课堂上所学内容进行复习，切实保证温故知新，提升学生的学习效果。

（三）慕课

1. 概念

慕课是一种将世界各地的学习者与授课者通过一个共同的主体或者主题联系在一起的方式与方法。通常来讲，慕课的授课形式是每一周开展话题研讨的方式，并且将一个大概的时间提供给授课者与学习者，一般情况下，慕课都不会对学习者有着较为特殊的要求，只会进行简单的说明，就比如阅读建议或者一周一次的问题探讨等等。

2. 应用

慕课已经进入我国很长时间，对于这种新型的教学方法，很多学校都开始进行尝试，目前为止，很少有高校对其进行应用。但是对于高校体育教学来说，慕课这种教学方法非常适用。伴随着网络技术水平的发展，人们的日常生活越来越依赖网络，网络在我们的日常生活当中承担着非常重要的作用，慕课正是基于这一点，主张在学习过程当中对网络进行充分应用。另外，慕课本身还是一种学习方式，有着一定程度上的主动性，使用者可以自主选择与学习自己感兴趣的运动，并且慕课本身有着众多的学习资源，在高校体育教学过程当中，教师与学生能够借助慕课对国内外的高校体育教学资源进行充分的接受与使用。

目前，高校体育教学主要是由体育教师进行授课，由学生接受学习，教师要先对所教授知识与技能进行讲解与示范，再由学生学习之后进行练习。但是需要注意的一点是，我国的体育课教学时间通常为 45 分钟，在教师对体育相关知识进行讲解之后，很难有足够的时间使学生开展体育练习，对于这种问题，慕课有着有效的解决方法。

当体育课堂教学结束以后，学生在课后就能够自行复习。在体育微课视频中包含真人操作与讲解，能够帮助学生对于白天体育课堂学习的动作进行复习与记忆。尽管高校体育教学时间长达一个半小时左右，学生能够拥有足够的时间去学习、练习体育运动技术，但是，他们只能对每门体育课修习一次。基本上每一个学期所要学习的内容都是相同的，而学生会存在差异，不利于一部分学生深入学习、练习的开展。

（四）翻转课堂

1. 概念

通常来说，翻转课堂就是对教学课堂内外的时间进行重新调整，在这种教学模式当中，教师不再掌握学习的决定权，转而由学生掌握学习的主动权。在这一教学模式下，学生能够在这一短暂的时间内更为专注地开展学习活动，通过师生之间共同交流与研究，各种遇到的问题能够得到更加深入的理解。对于体育教师来说，在进行课堂教学的时候，并不会花费过多的时间去讲授各种信息，这就需要在教学结束之后，学生通过视频讲座、电子书或者网络讨论等自主进行学习。总的来说，翻转课堂更为重视学生的学习自主性，学生需要确保有能力对自己所需的各种信息进行查阅。在这种模式下，教师有更多的时间与每一个学生进行交流。在课堂教学结束之后，学生能够依据自己的意愿自主对学习节奏、学习内容、学习风格等进行规划，借助于教师对讲授法与写作法的使用更加满足学生的知识获取，由此，使学生真正实现个性化学习，并最终通过实践活动确保学生学习活动的真实性。

2. 实施策略

不管是什么样的教育教学改革，在这之中，作为核心并起到关键性作用的是教师。在现代社会，信息化高速发展，翻转课堂本身是一种十分先进的教学理念，也是一种十分先进的教学方法，在翻转课堂使用过程当中，对体育教师的综合素养有着十分严格的要求。在这一教学模式之下，体育教师不但需要搭建合适的虚拟教学平台，并对其进行设计与使用，还需要开发各种与教学相关的教学视频，并上传至该平台。对于学生来说，在这一教学模式之下的体育教师，不但是其学习与实践的组织者与引导者，还是其学习成果评价的评价者与设计者，教师不但要对学生在线学习情况进行监督，还需要对学生所接受教学的设计进行完善。

在翻转课堂教学模式之下，尽管教师将课堂讲解与示范的时间都让渡给了学生，但是教师在教学过程当中的作用并没有被弱化，甚至还被加强了。在这一教学模式之下，不管是各种学习资料的搜集、整理、制作、上传，还是在线虚拟平台的设计与搭建等等，都需要教师的负责。如果在这一教学模式当中，对体育教师的作用进行过度的弱化，就会使学生的学习失去系统性与效能。对于翻转课堂教学模式而言，"掌握学习"是其建构的重要基础。翻转课堂的有效实施离不开学生的自主学习性。作为现实社会中的复杂存在，学生在课堂教学开始之前的在线学习中，并不是每一次都能够针对高校体育教学内容有效的、自觉的学习。因此，教师有必要对学生进行适当的检测与跟踪，它不仅仅能够对学生的技能学习和知识学习的完成起到督促作用，还能够有效培养学生的自主学习能力。

现阶段，对翻转课堂教学模式的相关理论研究成果与实践研究成绩，主要是基于其他学科的基础之上。在体育学科的理论等方面的研究还并不十分成熟，在对高校体育教学中翻转课堂教学模式的应用进行研究的时候，我们还应当对其他学科的教学经验进行借鉴。但是值得注意的是，不同的学科之间存在着一定程度上的差异，很多在其他的学科适合使用的理论与经验等等很难完美融入体育学科的教学当中。因此，在翻转课堂教学模式进行具体实施的时候，体育教师应当牢牢把握住体育学科本身的根本特点，对其他学科的理论与经验进行选择性地借鉴与吸收，对于生搬硬套的情况要避免发生。

在体育教学当中使用翻转课堂的教学模式，主要是为了能够在一定程度上有效提升教学本身的时效性，这一点是毫无疑问的。高校体育教学的存在离不开价值的支持与丰富，体育课程教学的一种至高境界是对于既正当又有效的高校体育教学进行贯彻，如果过分追求形式而对高校体育教学的效果不够重视的话，那么即便是翻转课堂的教学模式得以实施，也不存在任何的意义。

3. 应用

到目前为止，我国在体育教育实践领域还存在着很多的问题，我们已经对这些问题进行了充分的关注，为了能够将这些问题解决掉，对于多种措施进行了应用，然而，这些存在的问题很难完美地解决，由此就导致了瓶颈的出现，值得注意的是，在我国的高校体育教育当中，这种问题十分明显。在开展高校体育教学的过程当中，体育教师总是基于自身的主观意识对学生进行教育，在一定程度上忽略了学生个体的差异性；为了能够更好地实现传递知识与技能的目的，体育教师所发挥的作用是至关重要的，这主要是因为体育课堂教学的时间基本上都是在体育教师的示范和讲解中度过，在课堂容量的约束下，学生知识和技能内化的实现根本上是很难的，几乎不可能。

在进行高校体育教学实践的过程当中，体育教师所面对的学习群体十分复杂，这些人无论是性格特征、学习能力、学习方法，还是知识基础、学习习惯、学习需求等方面都存在着十分明显的差异，所以说，体育教师应当深入了解学生的实际情况，同时实施区别对待，展开个性化教学。在传统的高校体育教学中，如果缺少一定的个性化与人本化，那么想要将因材施教落到实处是很困难的，很容易导致学生两极分化的情况出现，即好的学生没有办法更好，而差的学生则是越来越差，在体育课堂教学过程中，学生的主体性与独立性是根本无法实现的，严重背离了人才培养的要求。

在我国过去的高校体育教学过程当中，有且只有一个评价主体，就是教师，通常使用的评价方法是纸面上的纸笔测试与技能考核，由此，按照一个确定的统一的标准，对学生进行考核，并由教师进行打分。但是需要注意的一点是，尽管这种评价方法看起来是公平的，但是很难将学生的学习效果完整地表现出来，也正因此，想要通过评价来促进学生的学习，就更是天方夜谭了。对于很多学生来说，考试就是洪水猛兽，主要表现为考试之前临阵磨枪，在考试之后忐忑不安，等等。在传统的高校体育教学模式当中，很难将学生的学习效果清晰地表现出来，并且也很难有效激发学生的学习兴趣，也不能够使学生养成良好的体育习惯，甚至于还可能使学生对体育学习产生抵触的心理。

现阶段，翻转课堂的应用在我国如火如荼，但是值得注意的是，我们很少从理论层面对翻转课堂的价值加以重视。所以，为了能够对翻转课堂加以深入的应用与推广，就应当从高校体育教学的核心价值的角度对其进行探讨。

在信息化飞速发展的今天，学生们能够进行学习交流的途径变得多种多样，所以，教学信息化也应当随之变化。正是伴随着信息化的发展，翻转课堂应运而生，通过将教学与信息化进行一定程度上的有机结合，使得现代教学模式更加适应学生的日常学习习惯，更能激发学生的学习兴趣。体育教师通过在网络上上传丰富的学习资料，并设置合适的教学引导，借助于体育教师对学生进行在线评价与在线指导，有效创建了一个更为适合学生身心健康发展的教学环境，也正因此，增进了教师与学生之间的情感交流，也能够有效提高学生的学习兴趣与学习自主性，更加方便了体育教师的教学，获得更好的教学效果。

对于学生来说，其对知识的学习与练习的时间是一定的，一旦学习新知识与新技能的时间过长，就不会有更多的时间来进行体育练习，这就会影响到体育课的健身性以及学生对于在体育课程当中所获取知识与技能的掌握与内化，由此，体育课应当重视精讲多练。在翻转课堂模式下，学生可以在课前先通过观看相关教学视频，对接下来的体育教学内容有一定程度上的了解，并且可以选择将自己难以理解的点在线进行请教，教师在线答疑后，也能够对学生课前的掌握情况进行一定程度上的了解。在教学课程当中，体育教师需要对学生所提出的问题进行针对性的讲解，但是需要注意的是，并不是每一个问题都需要讲解，要有侧重性，由此能够有效节省讲解的时间，使得学生在教学过程当中获得更多的实践时间，深入贯彻落实精讲多练的原则。

第三章 高校体育教学过程与评价改革

体育教学控制的基本环节是指体育教学控制过程的运行程序,它是以体育教学目标为中心的计划、实施、检查、总结的周而复始、循环往复的过程。本章将从体育教学的过程与控制、高校体育教学过程的优化发展、体育教学评价概述、高校体育教学评价的改革策略四个方面阐述高校体育教学过程与评价改革。

第一节 体育教学的过程与控制

一、体育教学过程

(一)概念

体育教学过程是为实现体育教学目标而计划、实施的、使学生掌握体育知识和运动技能并接受各种体育道德和行为教育的教学程序。这个程序具有学段、学年、学期、单元和课时等不同时间概念。

(二)性质

高校体育教学过程是学生对运动技能进行掌握的过程。从本质上来讲,体育课程的教学就是在身体练习不断反复开展的过程中,使学生能够对运动技能进行掌握,同时,在对运动技能掌握的前提下接受其他方面的养成教育,同体育课程不同,其他学科的教学过程实际上就是,使学生对概念进行识记,并且对推理、判断等思维方式进行应用,对科学知识进行掌握,同时使学生的智力得到发展。因此,我们可以将高校体育教学过程理解为学生对运动技能进行掌握的过程。

（三）主要矛盾

在体育教学过程中，主要矛盾存在三对，分别是体育教师的教同学生的学之间存在的矛盾、体育教师同教材之间存在的矛盾、学生同教材之间存在的矛盾。在这三对矛盾中比较显著的就是体育教师的教同学生的学之间存在的矛盾。在高校体育教学过程中，体育教师与学生是两个重要的主体性因素，因而导致体育教师的教与学生的学之间双边互动的矛盾关系得到构成，并且在高校体育教学过程中，这一矛盾是始终存在的，同时，还能够对其他矛盾的存在与发展起到一定的支配作用，从而作为原动力，促进高校体育教学过程的发展。

（四）功能

高校体育教学过程从本质上来讲，就是认识与实践之间统一、协调发展的一种活动过程，这一过程的最终目标在于，使学生的全面发展得到促进，换句话来讲，高校体育教学过程的主要功能在于使学生身心诸方面的和谐发展得到促进。对于高校体育教学过程的功能进行全面的认识与开发，能够使高校体育教学成为有效途径，以促进高校体育教学目标的更好实现。高校体育教学过程的功能主要会在以下几个方面的内容中表现出来。在体育教学开展的过程中，不仅能够增长学生的知识，使其能力得到全面发展，还能够熏陶、改变学生的思想情感、道德品质与精神面貌。在体育教学中，教师应该将教书与育人自觉地统一起来，充分发挥体育教学过程的教育功能，使学生思想品质与道德素养的发展得到促进。体育教师通过体育教学过程的开展，能够将科学文化知识与基本技能技巧系统地向学生传递。体育教学过程实际上就是对学生有目的、有组织、有计划进行培养的一个过程，因此，体育教学过程的知识传递功能能够高质量、高效率地发挥。在知识传授与技能形成的统一发展过程中，智能培养得以实现，上述三个因素之间的关系是非常紧密的，是互相促进、互相依存的统一体。首先，智力活动的主要内容就是知识；其次，对知识进行学习与应用的活动，本身就能够实现智力的锻炼与能力的培养；最后，形成技能可以使智力活动过程得到大大的简化，使智力活动水平的提高更加迅速、更加经济、更加有效。作为教学艺术与教学手段，"美"的因素始终存在体育教学过程中，并且在体育教学活动的各个方面都有存在，在"美"的多样形式下，使学生对"教"所要传递的各种各样教育信息顺利吸收，同时，获得教学美的体验与享受，使紧张学习导致的疲劳得到消除，促进一定审美趣味、审美观念与审美能力的形成。发展个性的主要内容是对知识进行传授，对智能进行培养，促进技能的形成、在原有生理条件与经验背景的基础上，每一个学生都有可能会形成独有的知识、智能结构与技能，同时能够对自己新的知识体系进行构建，从而为个性发展创造良好的条件。然而，需要注意的是发展个性还受到其他几个方面内容的影响，即身体素质的健全，态度、情感、动机、意志、品德、思想、价值体系等方面的培养。对于上述能够对学生个性发展起到决定性作用的这几个方面内容，体育教学过程能够发挥积极的影响作用。

二、体育教学控制

（一）计划——体育教学过程控制的起始环节

体育教学过程控制的计划是在进行教学活动之前对从事教学活动的结果、过程所进行的设计和安排。它一经制订，就成为师生控制活动的纲领与实施教学活动的依据、检查和总结教学质量的标准。学校体育教学工作计划是根据国家规定的体育教学大纲和教材，结合本校实际而编制的体育教学实施方案。它包括学年体育教学工作计划、学期体育教学工作计划、体育教学单元计划、体育教学课时计划等。

（二）实施——体育教学过程控制的中心环节

在体育教学过程控制中，实施是指控制者按体育教学工作计划，组织所属成员，主要是教师和学生，按计划规定的任务、内容与时限和有关质量工作标准开展教学活动，落实体育教学目标。在体育教学过程控制中，实施是工作量最大、投入时间和力量最多、涉及面最广、直接产生控制成果和育人成果的环节。因此，要建立实施计划的运行机制，首先领导要深入基层，做好指导工作。其次，做好协调工作，围绕提高教学质量问题，做到控制目标明确、认识统一、步调统一、指挥统一，协调各部门之间的矛盾和失衡现象，做到上、下、左、右团结一致、相互支持，使教书育人、控制育人、服务育人形成"三育人"的整体效应。最后，做好教育和激励工作，要加强体育教师的思想政治工作，坚持尊重、理解、关心相结合的原则，既要注意物质激励，也要注意精神激励，使教师体会到自己工作的价值和创造能力，形成教书育人的内在动力：要帮助教师提高教学能力，拓宽教改思路，发挥体育教师集体提高教学质量的整体效应。总之，指导、协调、教育和激励几个方面是互相配合、互相联系、交叉进行的有机整体，它们构成了体育教学过程控制的中心环节。

第二节　高校体育教学过程的优化发展

一、高校体育教学过程的优化

（一）高校体育教学过程的优化观点

1. 用整体的观点认识体育教学过程

用整体的观点认识体育教学过程，有助于我们在教学实践过程中科学地掌握体育教学过程的结构和相关的教学活动环节。我们可以将体育教学过程看作是一个简单的坐标轴，其横向坐标是由当地学校的教学学科构成的，纵向坐标是由超学段、学段、学年、学期、单元和课时等教学过程组成的。这样就能将体育教学看成是一个处于动态平衡中的教学整体，只有用这种整体性的观点才能更好地认识体育教学的过程，才能对体育教学这个大环境做一个具体的、综合的判断和分析。在此基础上，才能根据不断变化的教学环境和社会环境，全面地优化教学目标、教学内容、教学方法、教学手段、教学组织形式和教学评价。因此在体育教学过程中必须整体地考虑和认识教学结构的成分及其相互联系，力求发挥体育教学过程的整体效用。

2. 用联系的观点看待体育教学过程

任何一门学科的教学，其知识和技能之间都存在一定的联系，用联系的观点分析体育教学过程的结构和功能，可以清楚地发现体育教学过程中各相关因素之间存在各种各样的内在和外在的联系，体育教学过程主要包括因果联系、发展联系和控制联系。

所谓的因果联系是指体育教学过程中各种行为活动和效果之间存在一定的因果关系，如在进行篮球教学的时候，开展篮球技能教育的活动和培养学生篮球技能之间就是因果的联系，教学研究者要想在教学实践过程中不断地优化教学过程，就应该在教学实践过程之中及其结束之后不断地分析和研究各种现象之间的因果关系，寻求教学中某些因素之间存在的本质和必然的联系，并借助这种联系达到教学效果最优化的目的。体育教学过程本身就是一个不断发展和变化的过程，学生在教师的影响下所产生的，对体育教学所需的知识和技能的需求与实现这种需求可能性之间的矛盾，是教学内部发展所固有的矛盾，也是推进教学过程不断深化的动力。因此在教学的过程中，教师要根据学生身心的发展变化进行教学的组织和安排。

3. 用综合的观点处理教学中的方法和形式

体育教学内容的执行和教学目标的实现均建立在教学的方法和组织形式的基础上。体育教学较为复杂，在教学的过程中，涉及的因素也较多，这些因素影响着体育教学方法和教学形式的选择和实施。例如，教材的难易程度、教学的设备设施、教师的教学水平、学生的已有体育相关知识等，这些都能对体育教学方法和组织形式造成影响。为了保证体育教学效果，在进行体育教学过程研究和优化的时候，要用综合性的观点看待这些问题，优化教学方案，从而提高教学效果。

（二）高校体育教学过程的优化策略

高校体育教师不仅要完成教学任务，也承担着一定的教学科研任务，应不断地进行教学方面的研究，充分利用当前先进的教学理念和先进的教学技术，不断地创新教学理念和教学模式；在教学方法上，除传统的教学方式外，还应利用当前的信息技术，以学生感兴趣的方式进行体育课的教学；在课件制作、资料的搜集和多媒体应用上须尽快地适应网络信息技术的发展，为线上与线下结合的教学模式提供技术支持。

大学阶段是学生身份转变的一个重要的过渡阶段，这一阶段的学生在学习和人际交往上更加独立，并且形成了一定的兴趣爱好。学生对于学习的目标也开始了自主定位，学习内容的选择上更加体现出自主化。对于这一阶段的学生，教师应该摆脱灌输式的教学模式，启发学生独立思考去解决问题。同时学生也可以根据自己的方式选择适合自己的学习方法。当前的学生处在网络高度发达的社会，对于身边的网络发展非常敏感，学生也很愿意去接触和学习身边新兴的信息技术。目前，在校大学生的课余时间很大比重花费在网络上，因此，采用网络教学能很好地贴合当前高校学生的学习需要。从大学生学习的这些特点可以发现，落实线上与线下结合的教学模式具有一定的必然性，符合新时代育人的要求。

教学环境作为教学过程的重要组成，对教学起着至关重要的作用，为教学活动的开展提供了基础保障。目前阶段各高校在运动场地设施及运动器材的配置上都能够达到教学的要求，并满足学生日常体育锻炼和课余学习的需要。因此，体育教育工作的物质基础能够满足线上与线下课程教学的需要。教学环境除了教学中需要用到的一些有形的教学设施以外，还需要无形的教学环境提供支持。随着目前信息技术的发展，体育教学也开始借助信息技术手段丰富教学的内容，为学生提供更多的体育健康知识，让学生进一步了解体育，而且在体育教学中借助信息技术，可以以图文并茂、动静结合的方式把知识呈现给学生，有效激发学生学习的兴趣，满足学生对于体育学习的需求。

课堂结构是教学过程的主要表现形式，课堂结构是指在规定的时间和空间的教学活动中，进行各个教学环节、教学步骤的具体安排，也是教学目标的实施计划、教学内容的实施和各教学方法的主要体现。由于体育教学涉及的因素较多，较为复杂，因此体育教学的课堂结构是一个较为复杂的系统，在进行体育课堂结构的优化时，要着眼于整体，使课堂教学结构的各个组成部分能够相互协调、相互促进。

体育教学方法是知识和技能传递的依据，是连接学生和教师之间知识传递的纽带，是实现体育教学课堂目标所采取的各种行为方式的总称。由此可见，体育教学方法在体育教学过程中占据十分重要的地位。好的教学方法能够促进教学目标的完成，错误的教学方法不仅会对学生的身心发展造成不良影响，同时也影响教学目标的顺利完成。在进行教学方法的选择时，首先要保证其与教学内容的适应性、与教学知识和水平发展的适应性，提高教学的效率和教学的水平，使学生能够在较短的时间内掌握更多的知识和技能，并受到全面的思想道德教育，得到全面的发展。因此在进行体育教学方法的选择时，要注重教学方法选择的科学性，结合学生的身心发展特点、教师的教学水平、教学设备和环境以及教学的知识和特点进行教学内容的安排。创新是教育的根本，只有创新才能有更大的突破，因此在进行教学方法的选择和优化的过程中，要注重教学方法的创新，激发学生的学习兴趣。最重要的还是要突出教学评价的激励作用和功能，使教学评价成为检测和完善教学过程的依据。

体育教学评价能够检测体育教学方法是否科学、教学过程是否合理，同时还能检测教师的教学水平，是教学过程不断优化和完善的前提，教学评价能够使教师不断地发现教学中的问题，然后进行解决和改正。由此可见，教学评价是教学过程中的重要环节，在对教学评价进行优化和制定时，应该注重评价的全面性、民主性、科学性和发展性，最重要的还是要注重提出评价的激励作用和功能，使其更好地为教学活动服务。

二、高校体育教学过程的管理

（一）凸显学生的主体性地位

高校体育教学管理应该摒弃传统的教学管理方式，把学生当作体育课堂的主体，从学生的角度思考问题，根据学生的实际需要开展体育教学活动，加强与学生在体育教学方面的互动，多考虑体育训练项目对学生成长的作用，用学生接受的方式开展体育锻炼，从而使学生更好地掌握体育知识。

（二）体现学生的个体性

高校体育教学要做到更加独立地开展体育锻炼，而不是仅仅在体育课上进行体育活动。体育教师要培养学生进行体育锻炼的习惯和思维，把体育锻炼当成自己生活的一部分，而不是仅仅当作学校的一门课程。体育课要使学生明白体育锻炼的重要性，从而更好地掌握体育运动的技巧和方法，保持身体健康。

第三节　体育教学评价概述

一、基本知识

（一）概念与含义

1. 体育教学评价的概念

依据教学目标对教学过程及结果进行价值判断并服务于教学决策的活动即为

教学评价。教学评价是研究教师的"教"和学生的"学"的价值的过程。教学评价一般包括对教学过程中诸因素的评价，如教师、学生、教学内容、教学方法与手段、教学环境、教学管理等，但对学生学习效果的评价和教师教学工作过程的评价是重点。以体育教学目标与原则为依据，制定科学的标准，运用一切有效的技术手段，对体育教学活动的过程及其结果进行测定、衡量及价值判断的过程就是所谓的体育教学评价。对体育教师教学的评价和对学生体育学习的评价是体育教学评价的两个重要方面。

2. 体育教学评价的含义

体育教学评价是以体育教学目标和体育教学原则为依据而开展的。体育教学目标是对体育教学"是否获得了预先设定的成果"、是否完成任务进行评判的直接依据；体育教学原则是对教学"是否做得合理"、是否合乎体育教学基本要求进行评判的主要依据。教学目标与教学原则都是具有客观性和规范性特征的。体育教学的过程和结果是体育教学评价的主要对象。学生的"学习"是体育教学评价的重点对象，具体包括学生的学习水平和品德行为；体育教学评价也对教师"教"的行为进行评价，具体包括教师的教学水平和师德行为。体育教学评价是价值判断和量评工作的过程。价值判断是定性评价，主要是对教学方向的正误、教学方法是否恰当等进行评价；量评工作是定量评价，主要是对能够量化的学习效果，如身体素质的增长和技能掌握的数量等进行评价。

（二）目的

体育教学评价的选拔目的指的是通过实施评价，对学生的体育学习潜力进行判断，从而对优秀的学生进行选拔。以选拔为主要目的的教学评价，如为选择好的学生参加体育竞赛、为评选体育优秀学生等，要以选拔的要求和标准为依据来开展具体的体育评价工作。在这种评价目的下，评价是带有选优性特点的，评价的目的并不面对全体学生，评价的目的有时也不是指向教学目标，因此这种目的在体育教学评价中不是主要的评价。

体育教学评价的甄别目的指的是通过评价对学生的体育学习状况进行判断，对其成绩进行评定。这是以学籍管理的要求和标准为依据而进行的评价，主要为了对学生学习状态进行甄别，对学生成绩进行评定，如为学生体育标准的成绩评定进行的达标测验等、为期末成绩评定进行的体育考核等。在这种评价目的下，评价带有甄别和评比性，评价的目的面对所有学生，评价指向体育学习的效果和学习的态度，也部分地指向学生的体育基础。在体育教学评价中这种评价目的占有重要地位。

体育教学评价的发展目的指的是，通过评价对学生的体育学习问题进行分析，帮助学生在学习上取得进步。这是以教学的要求和需要为依据而进行的评价，目的是发现和反馈学习中的问题。通过实施这一评价，对学生运动技能进步的困难和症结有一个清楚的认识，从而为促进其学习进步而采取有针对性的措施。这种评价目的是教学性的，面对全体学生的学习与发展，评价指向的是学生学习的困难和前进方向。因此，这种评价目的在体育教学评价中非常重要。

体育教学评价的激励目的指的是通过评价，对学生的体育学习进步进行反馈，从而对学生的学习进行激励。这是以教学的要求和需要为依据而进行的评价。通过评价使学生发现自己的进步和进一步发展的潜力，从而使其获得学习的自信心和成就感。这种评价的目的是面对全体学生的积极性与自信心的，评价指向学生的学习进步和努力方向。在体育教学评价中，这种评价占有非常重要的地位，但其没有得到应有的重视。

（三）特征

体育教学评价在做出价值判断之前必须首先对体育教育价值关系中的客体及其相关因素进行系统扫描和分析，做出事实判断。教学评价所要获取的资料是以体育教学中的各种要素为对象的。此外，为了获取客观准确的资料，还必须用科学的评价方法对可靠准确的评价信息进行收集，去粗存精，去伪存真，这样才能确保评价结果的准确性。

体育教学的目的在于使学生通过身体练习，提高机体承受生理负荷的能力，并逐步产生良好的适应，实现全面发展。所以，反映学生的身体在形态、结构、机能、素质等方面的变化是体育教学评价中对学生学习进行评价的重要内容。现阶段，我国学校体育教学评价的主要对象是学生体育学习中的技能掌握情况和运动素质变化情况。

教学评价是以主观需要和愿望为根据对教育活动有无价值、有何种价值、有多大价值等情况做出的评判。通过评价来了解教育活动是否有利于国家和社会发展，有利于学生身心的全面发展。体育教学评价中需要同时兼顾学生与社会的需求，如果忽视其一或者不能对其本质做出正确、合理的价值判断，教学评价的作用就难以得到充分发挥，就会失去意义。

体育学习结果的公开化是体育教学评价开放性特征的主要表现。无论是新动作技术的学习，还是动作技术测验，当事人的每一个表现，无论是成功还是失败，无论是熟练还是生疏，都清晰地展现在其他同学面前。这也为体育教学的客观评价提供了基础，为学生之间的相互评价提供了可能。

（四）功能

体育教学中，教师衡量自身的教学状况，学生了解自身的学习情况，都可以通过体育教学评价获取大量可靠的反馈信息。通过反馈信息，教师可以对自己教学中的优缺点有一个清楚的了解，从而不断完善教学行为。学生通过这些反馈信息，可以对自己学习情况的优劣有更清楚的认识，从而知道该从哪些方面努力。

需要注意的是，教师在将反馈信息提供给学生时，要以学生的年龄和心理特点为根据，把握适度性原则。一般来说，对于学生的学习情况，教师应在尊重实际的基础上充分给予肯定，对他们的学习积极性和主动性进行激发；对于否定的评价，教师要帮助学生发现问题，分析问题产生的原因，以便学生能有针对性地改进，从而增强学生学习中的自信心。此外，对于学生在学习中产生的紧张与焦虑心理，教师要想方设法地帮助他们进行调节，防止学生失去学习的信心或在学习中产生逆反心理。

教学评价的动机强化功能是指通过教学评价对被评价者的积极性进行激发，使其自觉地改进自己的教学行为。动机作用一般分为以自身的内部因素为基础的内部动机作用和以外部因素引起的外部动机作用。教学活动中，不管是教师的自我评价还是学生的自我评价，都可以起到加强内部动机的作用。教学活动中的他人评价，特别是正确的、公平合理的且肯定的评价，能够促进教师或学生积极性的提高，使其在教学过程中保持适度的紧张状态。而不正确、不合理或否定的评价，会对学生或教师的积极性造成一定的打击。因此，发挥教学评价的动机强化功能，最重要的是要对肯定或否定的评价所产生的不同心理效果进行充分的考虑。

对不同的评价对象，要对他们的个性特点予以考虑，这样才能产生积极的评价效果。

（五）标准

1. 体育教学评价标准的制定依据

体育教学受社会的制约，通过培养身心健全的人来促进社会的发展与进步。《课程标准》与《体育教学大纲》的相关规定体现了社会对体育教学的具体要求，《课程标准》与《体育教学大纲》对人才的标准和体育教学都做出了相应的规定，这是体育教学评价标准制定的依据。因此，对《课程标准》和《体育教学大纲》的深入研究，尤其是对体育教学目标的研究是制定体育教学评价标准的基础与前提。

教育学科是对教育教学规律进行揭示的科学，体育教学活动只有以它为指导才能达到预期的教学目标。体育教学评价是理论与实际相结合的活动，只有理论知识而不联系实际，就无法使评价活动顺利开展，更不能发挥教学评价的功能与作用。但如果只有实际，却不掌握教学的本质、教学原则、规律、方法等理论知识，就难以制定出科学的评价标准，也无法对体育教学实践进行科学的指导。

教学评价本身并不是作为目的而存在的，它是使预期教学目标顺利实现的手段。通过评价发现教学中存在的问题，并提出解决的方案，使体育教学活动处于优化状态。因此，对评价标准进行制定时，要对被评价对象的整体状态和水平进行考虑，只有这样，评价工作才具有有效性，才能实现预期的效果。如果设置的评价标准过高，可能会使被评价者因无法达到标准而丧失前进的勇气和信心；如果设置的评价标准过低，可能导致被评价者因过于自满而不再继续努力。

2. 体育教学评价标准的表达方式

体育教学评价标准主要有评语式标准、期望行为式标准、隶属度式标准三种表达方式。常用的评语式标准是将末级指标按内涵分解成若干因素，每个因素都以评语式的语言叙述标准；期望行为式标准是指将每个末级指标分解为若干行为因素，对每个行为因素选择一个具体的关键行为作为评价该行为因素的标准；隶属度式标准是用模糊数学中的隶属度函数为标度的评价标准。就内容而言，这种标准仍是评语式等级标准，只是这种标准是用模糊集合的概念，采用 [0，1] 区间赋值的办法对每个要素各等级的隶属度范围做出规定。

3.体育教学评价标准的构成体系

（1）素质标准

素质标准也被称为"条件标准"，这种评价标准是从评价对象承担各种职责或完成各项任务应具备的素质的角度而提出来的。

（2）效能标准

①效率标准。效率标准一般指以产出与投入的比例为依据对工作成果进行衡量。在体育教学评价中，采用效率标准进行评价，就要对教和学的时间因素进行考虑，具体就是在规定的时间内，评价体育教师是否以大纲要求为依据完成了教学任务，学生在思想、体育知识、技术、技能的掌握及增进健康等方面是否达到了应有的水平。

②效果标准。效果标准是从工作效果的角度确定的教学评价标准。体育教学效果标准一般从以下三个方面来考虑：首先，体育基本知识、基本技术、基本技能掌握标准。它主要是对体育教学中学生掌握体育基本知识、基本技术的数量与质量情况进行考察。其次，能力发展标准。在体育教学评价中，要对学生智力、个性的发展情况，体育锻炼的能力情况进行考察。最后，思想品德教育标准。在体育教学中要注意积极开展思想品德教育。效果标准与效率标准既有相似的地方，又有一定的差异。效果标准是以预定的目的为依据对工作的成果进行考察，它对投入的人力、物力和时间不予考虑。效率标准是教学评价中最根本的标准，综合考察人力、物力、时间的消耗以及成果，能够督促体育教师对工作效率的关心与重视，从而促进教学效果的提高。在体育教学评价中，应把效果标准和效率标准结合起来进行运用。

③职责标准。职责标准主要是用来对评价对象所承担的责任和完成任务的情况进行评价。对体育教师的教学工作进行评价时，要从以下几方面展开。首先，要看体育教师的备课质量，即考察教师对体育教学大纲钻研的程度，对学生的了解程度，对教材重点、难点的明确程度，对教案编写及场地器材布置的合理程度等。其次，看教师上课的质量。主要对授课内容是否科学，教学目的是否明确，教学方法、手段是否有效，教学重点是否突出，教学语言是否清晰，示范动作是否正确等进行考察。最后，看体育教师的教学是否贯彻了相关原则及要求。如果

是在坚持体育教学原则的基础上开展的教学工作，必然能使教学过程变得生动、活泼，并产生良好的效果，反之难以得到预期效果。职责标准能促进评价对象事业心和责任感的增强，能使其更加关心教和学的全过程。在体育教学评价过程中，应将职责标准与教学效果结合起来进行综合性的评价，防止只注重过程不注重结果或不注重过程只注重结果的错误倾向。素质标准、效能标准以及职责标准既相互独立，又相互统一。体育教学活动较为复杂，素质标准对这一复杂的教学过程起着决定性的作用，职责标准的主要作用在于推动体育教学活动的不断优化，效能标准是素质标准和职责标准功能的反映。

二、评价种类

（一）体育教学评价的分类标准

按照不同的标准对体育教学评价进行分类，可以进行多种情况的划分。如果根据不同的评价基准对体育教学评价进行分类的话，就可以分成自身评价、绝对评价与相对评价三类；如果根据不同的评价功能对体育教学评价进行分类的话，就可以分成总结性评价、形成性评价与诊断性评价三类；如果根据不同的评价内容对体育教学评价进行分类的话，就可以分成过程性评价与结果性评价；如果根据不同的评价表达对体育教学评价进行分类的话，就可以分成定量评价与定性评价。

（二）体育教学评价的种类

1.体育教学的绝对评价

体育教学的绝对评价，主要是指按照体育教学的目标评价体育教学的设计方案、教与学的成果。此评价形式在被评价的集合与群体之外建立了体育教学评价的基准，针对某种指标对集合或者群体中的每一个成员同基准进行逐一对照，进而对其优劣进行判断。通常来讲，会将体育教学的课程标准、教学计划中的教学大纲、课程具体实施方案，作为相对应的评判细则。体育教学绝对评价的优势是存在比较客观的评价标准，因此，在体育教学的评价过程中，如果能够恰当地使用此种评价方式，那么就能够保证每一个被评价者都能够对自身同客观标准之间的差距有所了解，以便于他们能够不断努力向标准靠拢。此外，通过体育教学的绝对评价，体育教学的管理部门可以对体育教学各项目标的完成情况进行直接鉴别，同时，还能够对即将要开展工作的重点进行明确。但是体育教学的绝对评价也是存在缺点的，在对评价标准进行制定与掌握的时候，容易影响到被评价者的原本经验与主观意愿。

2. 体育教学的相对评价

体育教学的相对评价，就是指将基准建立在被评价对象的集合或者群体中，然后，逐一地将各个对象同基准进行对比，来对群体或者集合中每一个成员的相对优劣进行判断。体育教学相对评价的基准是群体的平均水平，根据在整个群体中被评价对象所处的位置进行判断。而体育教学相对评价的优势是具有广泛的适用范围，且甄别性强。就是说，无论群体的整体水平如何，都能够将优劣对比出来。体育教学相对评价的缺点是，由于群体的不同基准也会产生相应的变化，所以，容易导致评价标准同体育教学目标相背离。

3. 体育教学的自身评价

体育教学的自身评价，主要指被评价者从不同的侧面、过去与现在进行纵横比较，从而对自己各个方面的能力展开评价，对自身的进步情况进行确定。体育教学自身评价的优点在于，能够对个性特点给予尊重，同时对个别差异给予重视。通过纵横比较被评价对象或者部分的各个方面或者各个阶段，对其现状与趋势进行判断。然而，由于具有相同条件的被评价对象没有与被评者进行比较，所以对其实际的水平与差异进行判断是很困难的。所以，在体育教学评价的实践活动中，选择评价形式的时候应该将相对评价与自身评价紧密地联系在一起。

4. 体育教学的诊断性评价

体育教学的诊断性评价，也被称作是前置评价。在开展体育教学的某项活动之前，例如，在前期分析体育教学设计的时候，应该针对学生的智力、态度、体能、知识与技能等方面的情况开展摸底测试，以便对学生的准确情况与实际水平进行了解，对其是否具备体育教学新目标实现的必需条件进行判断，为体育教学决策提供一定的理论依据，保证体育教学活动同学生背景与需要的协同发展。我们这里所说的诊断，是一个存在较大范围的概念，不仅能够对缺陷和问题进行验明，还能够识别各种各样的优点与特殊才能。所以，体育教学针对性评价的最终目的是对体育教学方案进行设计，使起点水平与学习风格不同学生的需要得到满足，同时，还要在体育教学程序中对学生进行最有益的安置。

5. 体育教学的形成性评价

在体育教学活动开展的过程中，形成性评价的不断进行是为了更好效果的获得。此种评价形式能够对阶段设计成果、阶段教学效果与学生的学习进展情况与存在的问题等进行及时了解，及时做出反馈，并且对体育教学工作进行不断调整与改进。这种评价会频繁地发展，例如，学习一个知识点之后的练习、提问，一个单元之后的技术评定，一节课以后的小测试。形成性评价是体育教学设计活动中的重要评价形式；或者是评价新的体育教学方案时，一般都是应用此评价形式，试行过程中，主要的目的在于对该方案进行修改，对有利的证据进行收集。从体育教学质量提高的问题上来讲，对于形成性给予重视要比将要分析的总结性评价更具有现实意义。

6. 体育教学的总结性评价

体育教学的总结性评价，也被称作是后置评价，通常是当体育教学活动结束一段时间以后，为了能够对体育教学活动的最终结果进行把握而开展的评价。例如，在学年末或者学期末的时候，体育教师会组织考评、考核，主要目的是对学生的学习结果进行检验，看看它是否达到了体育教学的目标要求。在体育教学的总结性评价中对体育教学过程中教与学的结果进行了强调，进而全面地鉴定被评价者所取得的重大成果，对等级进行区分，对体育教学整个方案的有效性做出价值判断。

7. 体育教学的过程评价

在体育教学开展的过程中，针对教学目标实现的手段与方案开展的评价叫作过程评价。过程评价的主要目的是对目标达成的手段与方法的使用情况进行关心与检查。例如，在对某一个教学目标进行完成的过程中，游戏法与竞赛法哪一个效果更加明显；在某一个动作技能教学开展的过程中，究竟是完整法比较适合，还是使用分解法好；对于某一种技能的学习，是由学生自己探索发现的，还是在同伴的谈论与协作下实现的。所以，过程评价的开展不是在体育教学过程中，就是体育教学设计的过程中。体育教学的过程评价不仅能够促进形成性评价的继续修改，还能够促进体育教学过程中对费用、时间与学生接受情况等方面所做的总结性评价的完成。

8. 体育教学的结果评价

针对体育教学活动具体实施以后产生的效果进行的效果评价，就是结果评价。例如，对于某一种体育教学方案的实施效果与某一种辅助性教学设施的使用价值所开展的评价。体育教学的结果评价侧重于对总结性评价的功能进行完成，同时还能够将形成性评价的相关信息提供出来。

9. 体育教学的定性评价

所谓的体育教学定性评价，主要是指针对评价资料展开"质"的分析，是对综合与分析、分类与比较、演绎与归纳等逻辑分析方法进行应用，思维加工所获得的资料与数据，进而开展定性描述的评价。而一般会有两种分析结果出现，其一，描述性材料，存在较低的数量化水平，更为严重的是根据不存在数量概念；其二，同定量分析相结合而产生的，即包含数量化但以描述性为主的材料。

10. 体育教学的定量评价

所谓体育教学的定量评价，主要是指针对评价资料开展"量"的分析，是对统计分析与多元分析等分析方法进行应用，对所获得的资料与数据做出定量结论的评价。鉴于体育教学中人的因素涉及范围比较广，因而使得各种变量及其互相作用具有复杂性特点。所以，为了能够将数据的规律性与特征揭示出来，应该由定性评价来规定定量评价的范围与方向。

第四节　高校体育教学评价的改革策略

一、教学评价的规范与落实

（一）建立合理指标

1. 初步拟定指标

对体育教学评价指标进行初步拟定时要以体育教学评价目标为基本依据，而且研究人员要根据自身对体育教学的理解和自身的实践教学经验来开展具体的拟定工作。具体拟定方法是：先分析相关因素，对评价指标进行逐级分解（具体以评价内容的内在逻辑结构为依据进行分解），然后按照逐级分解后的因素来拟定指标（高层—低层是评价指标的分解顺序，因素的级别越低就越具体），直到被分解的因素可以被观测后停止分解程序，这样从抽象到具体逐级排列的指标体系就形成了。

2. 筛选拟定指标

经过初步拟定体育教学评价指标后，这时的指标还不是很简单、明确，所以，为了使评价指标的简约性与科学性得到保障，要对初拟指标进行合理筛选，具体可采用经验法来进行筛选，即以个人或集体的经验为依据，对评价指标进行归类与合并，从而对评价指标进行进一步明确的方法。个人经验法与集体经验法是经验法的两种常见类型。

3. 权衡指标分量

将体育教学评价指标确定之后，要对其在体育教学评价体系中的重要性进行科学的衡量，也就是权衡其分量，这样才能确立评价指标的地位，清楚评价指标的重要性。在集体力量的权衡中，集体主要包括学校体育研究人员、教育部门的相关工作人员、学校体育部门领导以及体育教师等相关人员。通过对这些人员的经验与力量的依靠，可以对评价指标在评价内容中的地位和重要性有所了解，从而为权衡评价指标提供科学的依据。这种权衡方法比较全面、科学，但其也有一定的缺陷，即集体中的成员因意见不统一而对权衡结果的统一性造成影响。两两比较的权衡是指对评价指标进行分组，一组包含两个指标，有关工作人员对同一组两个指标的某一特征进行对比和评判，并运用矩阵形式对比较与判断的结果进行表示，从分析结果中明确指标的优先顺序，从而直观地观察评价指标的重要性。

4. 确定评价标准

做好前三个环节后，就是最终确定体育教学评价标准了。体育教学评价标准的设计主要包括标度的设计与标号的设计。

（1）标度的设计

表示标度的方法主要是定量与定性。通常用具有描述性的语言，如熟悉、不熟悉，了解、不了解等来对定性标度进行表示。

（2）标号的设计

标号是对标度加以区别的符号。确定标度后，要用一些区别性的符号，如优秀、良好、中等、合格、不合格等来对标号进行表示。

（二）重视课堂质量

学校体育教学的主要形式就是课堂教学。体育课堂教学的质量随着新课程改革的不断深入而受到了越来越高的重视。在对体育课堂教学评价进行研究的过程中，研究人员提出了一些具有实质性意义的建议，并积累了大量成功的经验。然而，这些经验与建议在体育教学实践中的操作性并不是很高。这主要是由于体育课堂教学的评价主体在多方面都存在差异，要用量化标准对课堂教学质量做出定量评价有相当的难度，所以体育课堂教学的实际情况也很难在评价中得到真实的反映。因此，研究人员与有关学者一定要将对体育课堂教学质量的评价重视起来，对科学合理并具有可操作性的评价方法进行积极的研究，从而促进体育课堂教学质量的提高。

（三）发挥教学评价与指导功能

体育教学评价具有反馈与指导两个基本功能。评价主体在对体育教学做出评价的过程中，不仅要对体育教学评价的相关因素进行考虑，同时要对与体育教学相关的一些要素进行全方位的考虑，从而使评价更好地为促进体育教学的完善而服务。在对体育教学做出评价之前，首先要对体育教学目标进行制定，并以此为依据展开具体的教学评价工作。

（四）全面建立评价体系

体育教学包含教师的"教"与学生的"学"两个方面的活动，所以体育教学评价工作的开展也要从这两个方面着手，即进行教授评价与学习评价。当前，针对学生学习评价而进行的研究比较全面，针对教师教授评价而进行的研究较为片面，主要是对教师的课堂教授情况进行评价。从这一点来看，要实现体育教学两个方面的评价目标有一定的难度。鉴于此，有关专家与学者要对教师的教授评价与学生的学习评价进行全面而深入的研究，分别建立体育教师"教"的评价体系与学生"学"的评价体系，从而使体育教学评价的全面性与科学性有所保障。

二、改革方向

绝大多数的体育教师可能都会遇到此种情况，即在体育教学课或者体育活动开展的过程中，一部分学生没有做出积极的表现。但是根据体育锻炼标准中的体育测试，凭借良好的先天身体素质就能够获得优异体育成绩。这样即便不够努力也能够取得较好成绩的情况，对于那些身体素质先天较弱，但是却一直积极参与的学生而言，是一个严重的打击。所以，使评价学生应用单一锻炼标准的模式进行改变势在必行。

体育课的成绩应该不仅仅是一个方面的，如果评价的时候将锻炼标准作为唯一的评价方式是不够全面的。因此，按照体育课程评价改革的精神，对于新颁布的学生体质健康标准充分利用。不仅能够将其作为一种学生体质强弱测试的标准，还能够将其作为一个学生进步程度的参考。例如，在学生刚刚入学的时候，就组织学生进行体质方面的一次摸底测试，并且在学生的个人档案中将测试的结果记录下来，保证每一学年开展一次测试，同时比较测试的结果，使学生体质提高与否的情况得到反映，这也将作为学生进步度的一个评价内容。

在传统的体育教学过程中，教师主导了评价活动，导致学生的地位一直是被动，甚至是毫无存在感的。作为体育教学活动的主导者，体育教师需要对学生的身体素质基础、运动能力状况进行了解，并且按照学生的学习情况与锻炼表现开展多种针对性的评价活动，进而使学生的积极性得到充分调动，促进体育课目标的尽快实现。伴随"水平目标"的逐渐设立，体育教师的教学任务在每一个阶段都会发生改变，因此，也要保证体育教学方式和方法的应用、体育教学内容的选择也多样化的发展。在新时期的体育教学过程中，我们在对评价内容进行设计的时候可以从运动技能、运动参与、身体健康、心理健康与社会适应等五个方面出发进行考虑。

在传统的体育教学评价中主要针对学生的学习结果进行评价，重视学生在各项运动中取得的最终成绩，而对于学生整个学习过程的评价则没有重视。所以，导致评价的有效反馈功能逐渐失去，对激励学生学习，在体育教学效果提高与体育教学改进方面并没有多大的作用。

所谓的过程性评价，就是对各种评价的工具与方法进行利用，对于体育教学的各个方面经常性评定，同时还要将结果向学生及时地反馈，促使学生对问题尽早发现。现阶段，我们不仅仅要调整体育教学评价的内容，还要在平时的评价中，对学生的练习过程直接进行评价。此种评价方式的存在，不仅能够保证大多数学生对于整个体育学习过程认真的、积极地对待，还能够对一部分学生凭借先天身体素质条件而消极学习的情况有效防治，此外，还能够对那些先天身体素质差却很努力的学生进行有效鼓励。

三、体育教学评价新模式

（一）对于评价中学生的地位给予重视，实现自评与他评相结合

体育教学的重要组成部分之一就是体育教学评价，学生既然是学习的主体，也必定是体育教学评价的主体。在体育教学过程中，教师发挥着主导的作用。因此，在评定学生成绩的时候，应该将体育教师的作用充分地体现出来，但是，还要对足额生的自我评价给予重视。对能够促进学生全面发展的评价体系进行建立，使得评价主体单一的现状得到改变，保证体育教学评价的主体，不仅有体育教师，还要有班主任或者其他的任课教师；不仅要有家长，还要有学生群体，进而使体育教学评价成为一种交互活动，需要教师、学生和家长的共同参与，将"评价主体互动化"体现出来。学生互评能够使学生在角色转换的过程中取得自觉满足感，进而使其学生比较鉴别、评判是非的能力得到提高，而学生自评则是能够使学生自我认识的能力与自我健身能力得到培养。

（二）对于学生心理健康发展及体育学习态度、情感的评价给予重视

体育教学的最终目标是促进学生身心健康的全面发展，在对学生体育学习进行评价的过程中，在对运动技能获得与身体素质提升进行考虑的同时，还要将学生的心理健康发展作为考核的指标。根据学生的认识规律与心理趋向，对体育课程内容的考核与评价进行设计，学生体育运动参与的积极性能够反映出其自身的体育学习态度，也就是说，学生能不能对体育锻炼知识积极地学习，能不能主动参与到体育锻炼中，能不能同他人主动进行体育交往等。体育学习的情感与态度等心理因素影响着学生的未来发展，所以，也应该将它们作为评价、考核的重要标准。

（三）对于学生终身体育意识形成的评价给予重视

体育教学运动参与的主要目标是使学生良好的体育锻炼习惯得以形成，使学

生终身体育锻炼的能力得到培养。使学生自觉参与健身活动的主动性得到提高，使被动参与体育活动的行为向自觉参与转变，对学生良好的健身行为与生活方式进行培养，这是体育教学的重要目标。

终身体育能力的培养是体育教学的一个基本任务。对于传统的体育评价体系我们应该进行改变，在评价开展的过程中，对于学生终身体育意识形成和发展的情况进行考察，保证体育教学评价能够对日后学生体育锻炼意愿造成影响。

（四）体育教学评价新方法——价值增长评价

所谓的价值增长评价，主要指的是利用统计方法，对于经过一段时间学习以后，对于学生所取得的有"价值"的学业进步或学业成绩增值进行衡量。在体育教学过程中，通常每一学期或者每一学年学生取得的考评分数会通过价值增长评价的方式，向标准分转化，之后，通过对这些标准分的综合，对学生学业成绩曲线图（横坐标为考评次数，纵坐标为标准分）进行构建。尽管每一个学生的曲线图会有各不相同的形状，然是，如果能够对大量学生的学业成绩曲线图进行收集与比较的话，那么就能够发现它们共同存在的曲线特征，例如，在某段曲线范围，所有的曲线都呈现上升趋势或者下降趋势，由此我们就能够对体育教师的教学工作进行判断，也就是对于教师能否保证学生获得有效的学习进步进行鉴别。此种对体育教师工作有效性进行评价的方法，逐渐取代了传统模式的体育教师评价，即领导的评价，专家的评价、同事的评价，基于体育教师的教学效果来对他们进行评价，所以，价值增长评价能够保证更加科学、客观地对体育教师进行评价。

第四章　高校大学生与科学化运动训练

体育运动的顺利开展离不开科学化理论的指导。在体育运动中，如果能够制定出较为科学的运动训练方案，就能够在较大程度上反映出科技兴体的策略。本章分为三节：大学生体质健康测量与评价、大学生合理营养与卫生锻炼、高校体育科学化运动训练理论。

第一节　大学生体质健康测量与评价

一、体质健康指标

（一）心肺耐力指标

心肺耐力（又称"全身耐力"）指标是大学生体质健康测试各标准中最重要的一项，它受遗传因素影响较大。人体的心肺耐力指标主要受心血管循环系统、呼吸系统的机能的限制，与氧气的摄取、运输及利用效率有关。在相对安静状态下，有不少人的心肺功能都能够满足机体对氧气的需要；但在负荷增加的情况下，个体的心肺耐力差异性就能鲜明地表现出来了。心肺耐力可以通过训练、激发身体潜能的方式提升 5%~25%。该指标的主要测定方法是心肺运动负荷试验，用平板或功率自行车进行负荷运动。对心肺耐力指标水平的评价有两种：第一种是通过观察完成定量负荷运动所需要的时间、监测负荷后心肺功能的反应；第二种是在约定时间内，观察个体能完成的运动负荷量是多少。根据数据结果可以进一步判定个体是否需要心肺耐力训练。

（二）肌肉力量耐力指标

肌肉力量耐力（又称"肌力"）指标分为上肢、下肢与腹背三种，它也是衡量能否较好完成体力劳动、体育锻炼等活动的指标。该指标常用的评价依据有两种：第一种针对力量，是测肌肉一次用力收缩时所能产生的最大力量；第二种针对耐力，是测肌肉在大的负荷下，能够重复收缩的次数或持续的时间。这一指标只能用来评价身体上一块或一组肌群的力量，而不能囊括身体其他肌群的力量大小。因此，要想全面地对身体各主要肌群的力量进行评价，为确定个性化的运动锻炼目标提供客观依据，最好将上肢、下肢与腹背这几种指标都测一下。

（三）柔韧性指标

柔韧性指标是人体的柔软与韧性的指标，它与人体关节活动范围的大小，连接关节的韧带、肌腱、肌肉等有关。目前对柔韧性的评价并不完全依赖于用各种仪器测量获得的准确数值，日常采用简单动作测试的躯体部位包括：腿、腰、肩、胫骨、脚踝等。简单动作对柔韧性指标的测定和评价，已具备足够的实用价值。不同于运动员的运动损伤，对普通人而言，柔韧性的下降主要是因年龄的增长而变化的，在躯干和下肢部位相关指标上表现更为明显。因为肩周炎的发病率随年龄增加而上升，所以对肩关节的活动幅度的测定，也成为评价柔韧性指标的重要内容。

（四）身体成分指标

身体成分的测量，是为了检测人体的水、脂肪、矿物质、蛋白质和糖类等组成成分，可以准确地评价人体的脂肪含量，判断胖瘦。同样体重的人，身体的脂肪成分和非脂肪成分含量可能是完全不同的，因此体重的多少不能作为反映一个人是否真正肥胖的指标。身体各个成分之间要维持一定的比例才能保证身体机能的正常运行，否则就会影响人的正常的发育和健康。因此，身体成分的测量一直受到各方的重视，其测定结果将成为个体是否需要减肥的决定性因素。

体脂百分比是评价身体成分的主要指标，即人体内脂肪组织重量占其总体重的百分比，目前尚未有一个被大众所认可的标准来判断个体的最佳体脂百分比。同时，由于测定体脂百分比需要有专门的仪器，且数据获得的步骤也比较复杂，因此一般采用与身体成分相关的身体质量指数和肥胖程度作为其参考指标。

BMI 是以身高与体重的比率关系来衡量个体的体重是否超出正常范围的指数。由于 BMI 最初设计是用于统计公众健康数据，因此一般认为 BMI 与体脂百分比有一定关系，但并不能等同于体脂百分比。也就是说，只有在没有条件（缺乏必要的仪器设备）测量体脂百分比时，BMI 才可作为评价个体是否肥胖的参考指标。鉴于此，BMI 可以用来测试学生的身高和体重，大致评定学生的发育状况及身体的匀称程度。国内判定，当个人 BMI 数值超过 25 时就属于肥胖。一般认为，BMI 小于 18.5 为体重过低；BMI 在 18.5~23.9 之间（包括 18.5）为体重正常；BMI 在 24.0~27.9 之间（包括 24.0）为超重；BMI 等于或大于 28 为肥胖。

肥胖程度与标准体重相对应，是衡量一个人的实际体重占其相同性别、相同年龄组标准（平均）体重的百分比。与 BMI 一样，该数值也只能作为评价身体成分的参考指标。一般认为，实际体重与标准体重之比数值在 ±10% 之间波动属于正常。一般而言，个体数值在 90%~110% 之间，属于体重正常；个体数值若在 110%~120% 之间，属于体重超常（即超重）；个体数值大于 120%，则属于肥胖，此时需要考虑采用"减肥处方"进行减脂锻炼。

当然理论跟现实之间还是有差距的，由于个体生活环境、性别、年龄的不同，其相应的体脂百分比理想标准并不完全一样。数据显示，我国民众的理想体脂百分比范围很大：男性理想范围在 12%~23% 之间，女性理想范围在 16%~27% 之间。但对于肥胖标准的确定，国内与国外的基本相同，即男性数值超过 25%，女性数值超过 30% 就判定为肥胖。在依据指标确定个性化锻炼方式与目标时，要考虑到不同测试方法、不同测试仪器对测试结果的影响，具体的评价标准存在差异，因此只能作为参考。

身体成分的测定方法有很多种，目前主要有生物电阻抗法（BIA）、皮褶厚度测量法、红外线感应法、双能 X 射线吸光测定法（DEXA）等。采用不同测定方法时，其体脂百分比的获得公式也是不一样的。在健康体能的测定中，前两种较为切实可行，所以也比较常用，这里作简要说明。

1. 生物电阻抗法（BIA）

BIA 的特点是：简单、安全、无创。其使用的生物阻抗分析仪测量原理是通过测量人体流入的微量电流的电阻抗情况，推算身体内各组成成分的含量。体内的水分含量约为 70%，其大部分存在肌肉中，因此，脂肪组织含水较少而导电性能较差，去脂组织因含水较多而导电性较好。因此，在人体组织中水和电解质均匀分布的设想下，测量手臂或腿部的电阻抗情况就可以推算出个体的水分含量，进而可以推算出脂肪组织重量和脂肪的百分比。当然也要考虑到测量位置不同、人体中离子浓度不同等因素对阻抗大小的干扰。

2. 皮褶厚度测量法

该方法是通过皮褶厚度卡钳对身体某些部位的皮褶厚度进行测量，将所测结果代入身体密度公式，进而得出体脂百分比的一种方法。其原理是通过测出的皮褶厚度推算体脂含量，主要测量位置可分为四肢和躯干，细分出来的、比较有代表性的部位是肱三头肌和肩胛下角。

二、项目

（一）身高

身高是人体发育的指标之一，它受遗传基因的影响比较大，一般以"厘米"为单位。大学生的身高测试与体重测试应经常同时进行、相互配合。进行身高测试的目的是测定大学生纵向部分的长度，进而评定其骨骼生长发育的水平及营养状况，与体重测量数据结合后可以评价大学生的身体是否匀称。

（二）体重

进行体重测试的目的是获得人体横向发育的指标，进而对人体肌肉、骨骼、器官重量等综合情况做一个评判。不同于身高，体重受生活条件、体育锻炼、疾病等因素的影响较大。大学生体重与身高测试相配合时，与前文身高测试目的一致。

（三）台阶试验

台阶试验（又称哈佛台阶试验），可以用来评价大学生在受到运动负荷时的心血管机能、心肺功能适应性。以学生在定量负荷运动后脉搏的变化情况，获得的评定指数大小评价学生的心血管循环系统机能状况。台阶试验评定指数的数值越大，代表大学生的心血管循环系统的机能水平越高，否则就是越差。

（四）肺活量

肺活量是指在不限时间的情况下，尽力吸气后再尽力呼出的呼出气体总量。

肺活量大小主要取决于胸腔壁的扩张与收缩的宽舒程度，受性别、年龄和疾病影响较大：男性肺活量大于女性；幼年和老年时较小，青年时期最大；健康状况愈好肺活量愈大。肺活量代表肺一次最大的机能活动量，是评价大学生发育水平的重要指标之一，在一定意义上可反映呼吸机能的潜在能力。肺活量检测数值偏低时，说明机体内部的氧供应差，如长时间进行工作、学习或者参加剧烈运动，就会出现头晕、胸闷等氧供应严重不足的情况，这不仅会影响大学生的学习与生活，严重的还可能造成无法挽回的机体损伤。

（五）握力

握力测试针对个体的前臂和手部的肌肉力量，是反映人手部活动能力的重要方面。握力测试属于全身肌力测试的一部分，它还可以准确地量化人体肌体衰老的程度，因此也是我国大学生的体质测试项目。握力体重指数，即每公斤体重的握力，不仅反映前臂和手部肌肉的力量，同时也是反映全身各个肌群与肌肉总体力量的一个重要指标。它是把握力的大小与被测人的体重相联系，以获得科学的评价。

（六）立定跳远

立定跳远是没有助跑、从立定状态进行的跳远，测试时只要不超出起跳线就对大学生双脚站立的姿势没有限制。它是测试大学生下肢爆发力和全身协调能力的最简单有效的手段，因此也是我国大学生的体质测试的必测项目，归属于速度灵巧类运动测试。它要求下肢与髋部肌肉协调快速用力，并与手臂的摆动相配合，姿势的正确是跳得远的关键，当然服装和鞋子也是影响成绩的因素。跳时双脚只准离地一次，如离地后落下后再起跳，就会判定此动作属于两次连续离地，认定试跳失败。

（七）坐位体前屈

坐位体前屈测试是为了考察大学生的关节、肌肉、肌腱和韧带的伸展能力。个体柔韧性的好坏与健康程度密切相关，柔韧性越好，其关节的活动幅度越大，发生变形、挛缩、粘连的可能性越小，关节灵活性越强。这对于扩大大学生身体无痛感范围，防止运动损伤等都有积极的作用。

（八）50米跑

50米跑是国际通用的测试项目，用以测试大学生身体素质中速度、灵敏及神经系统灵活性水平。它不仅是个体综合素质的表现，也是大学生从事体育运动、学习相关技能所必备的素质。

第二节　大学生合理营养与卫生锻炼

一、大学生合理营养

（一）营养与营养素

1. 营养

营养原义为"谋求养生"，是指人体消化、吸收、利用食物或营养物质的过程，也是人类从外界获取食物满足自身生理需要的过程，包括摄取、消化、吸收和体内利用等。营养的核心是"合理"，就是"吃什么、吃多少、怎么吃"，合理营养是一个综合性概念，它既要求通过膳食调配提供，满足人体生理需要的能量和多种营养素，又要通过建立合理的膳食计划和应用科学的烹调方法，以利于身体对各种营养物质的消化、吸收和利用。此外，还应避免膳食结构的比例失调、某些营养素摄入过多以及在烹调过程中营养素的损失或有害物质的形成。营养是人体正常生长发育的重要条件之一，当营养不足会引起人体营养不良，从而发生营养缺乏而导致病变。而营养不合理时同样也可导致疾病不利于健康。

目前很多人认为花钱多、吃得好就有营养。实际并不是这样，营养是一门科学，不是一门简单的营养品，它包括如何选择正确的食物这一基本因素。食物选择是否科学对运动者的力量、耐力等体能有重要影响。一位运动营养学教授曾形象地把运动者比作一辆高级跑车，那么营养就如同汽油，高级跑车有了相应的优质汽油，这辆跑车就可以跑出其最优异的成绩，相反，即使是高级跑车，却使用劣质汽油，那么这辆高级跑车也无法跑出满意的成绩。由此可见，合理营养是运动者健身成功的重要因素。

一个人的健康情况，取决于先天与后天的诸多条件因素，例如先天遗传、食物营养、生活环境、卫生条件、体育运动、精神状态及习惯嗜好等。但是在这些条件因素中最直接的还是食物营养,营养是健康之本。合理的营养状态,不仅有利于身体的健康,还有利于心理健康,因为体内各种营养素供给的均衡,使神经、内分泌等处于优良状态,可使人心情愉悦、精神振奋、情绪高涨,这对消除人们不良的心境,缓解心理上的压力,增添生活情趣,怡情养性均大有益处。

脑是人体中机能最复杂、活力最旺盛的器官。大脑每天需要充足的能量供给,才能维持正常的活动。人的大脑生长发育及其生理功能发挥均需要各种营养成分的供应。现代医学研究表明,虽然人的大脑重量仅为人体重的 1/50,但大脑每日所需的血液量却占人体的 1/5,说明大脑对各种营养物质和氧的需求量很大,如果不能保证大脑的各种营养成分的供应,则会导致大脑结构及功能异常,智力下降,记忆力退化,注意力分散,甚至精神异常等症状发生。所以通过供应各种食物来补充不同的营养成分,从而使大脑始终处于最佳状态,这对于提高与改善大学生的智力情况是十分重要的。

大学生时期的活动最多,活动量也最大。大多数大学生都喜欢参加各种体育锻炼、文化娱乐以及各种社交活动,为了保持在各种活动中身心愉悦、精力充沛,就必须有足够的营养。若营养不足,会造成疲劳、消瘦和抵抗力降低,具体表现为面色苍白、全身无力、精神萎靡,甚至疾病缠身,丧失青春活力。可见,均衡全面的营养是青年保持旺盛青春活力的基础和保障。

大学生时期正处于青春发育的后期。在这个阶段,身体仍要长高,肌肉要变得丰满健壮,内脏器官要进一步发育成熟,第二性征的表现和性器官的成熟等都需要充足的营养支持。只有在此阶段摄入营养充足,才能使皮肤、肌肉进一步生长发育,并使人体肤色鲜明,富有光泽,毛发黑润,男性身材高大,体格强壮,女性身材匀称,曲线圆润,充分体现青春的健与美。

运动的动力来源于肌肉,肌肉收缩是需要能量的,肌肉中重要的能源物质是三磷酸腺苷(ATP)、磷酸肌酸(CP)、肌糖原和脂肪。ATP 是人体运动时能量的直接来源,ATP 来自大自然食物在人体内的消化吸收与氧化分解。因此,专家认为:科学全面地补充营养,不仅可以明显提高一般人的能力,还可以大大提高体育运动成绩,同时大学生脑力劳动及体力活动较多,能量消耗大,这些都需要由食物营养来补充。若此阶段营养摄取不均衡,机体会出现疲劳、精力不足、学习不能持久、学习效率低，甚至出现神经衰弱、视力减退、注意力不集中和容易患病等现象。大学生的营养特点主要体现在两个方面：一是大学生时期主要以用脑力学习知识为主，大脑的思维、记忆、理解等活动十分活跃，脑力消耗量大，故大脑对各种营养素的需要量也应随之大幅度增加；二是大学生正处于青春发育期的顶峰时期，人体的生长发育需要大量的全面的营养素，以促进青春发育的完成。因此，从营养学角度讲，大学生的膳食除保证足够的糖以外，还要特别注意蛋白质、磷脂和维生素 B1、B2、尼克酸的充分供给，以营养脑细胞，保持记忆力，提高注意力和理解能力，促使大脑机能的活跃、思维敏捷，提高学习效果。

2. 营养素

维持生命体征的基本元素叫营养素。营养素可分为两大类，即三大营养和微量营养素。三大营养素包括蛋白质、脂肪、糖，它们是构成机体组织和提供能量所必需的物质。微量营养素包括维生素和矿物质，它们的主要作用是维持细胞的功能。还有膳食纤维和水。人们每天都要吃饭、吃菜、喝水，否则就不能生存。人们吃的饭、菜、水就是饮食，有了饮食，人为什么就能生存？这是因为，"饮食"里含有人体需要的各种营养素。人体所必需的营养素有蛋白质、脂肪、碳水化合物、维生素、矿物质、膳食纤维和水。每种营养素在身体内部发挥特有的生理作用，同时互相协作与补充，一起维持人体完整统一的生命活动。机体对各种营养素有一基本需要数量，即营养素生理需要量，它是指能保持人体健康、达到应有发育水平和能充分发挥效率地完成各项体力和脑力活动的人体所需要的热能及各种营养素的必需数量，低于这个数量就会对机体造成严重不良影响。为了满足人体合理营养的需要。必须每日通过膳食向机体供给一定数量的各种营养素，这一数量称为膳食营养素供给量（Rcommended Dietary Allowance，RDA）。膳食营养素供给量是在营养素生理需要量的基础上，考虑了人群安全率而制定的保证人体营养需要之膳食中应含有的热能和营养素的适宜数量。所谓安全率包括人群中的个体差异、在应激等特殊情况下需要量的波动、食物烹调时营养素的损失、食物的消化吸收率和营养素间的相互影响等，并且兼顾社会、经济条件等实际情况。RDA 自然要大于生理需要量，但热能 RDA 则仅是各人群平均需要量。人们只要按照 RDA 这一膳食质量标准来合理摄取各种食物，就能确保机体处于健康状态。

蛋白质是一切生命的物质基础，约占人体总重的 20%，占总固体量的 45%，是构成和制造肌肉、血液、皮肤、骨骼等多种身体组织的主要物质，没有蛋白质就没有生命。蛋白质在人体内是一个动态平衡状态。人体内的蛋白质每天都处在不断分解和合成之中，每天约有 3% 的蛋白质被更新，几乎一个月内全身的蛋白质就换新一遍。每天摄入的蛋白质又不能储存，所以每天供应足够的蛋白质是非常重要的。蛋白质是由碳氢氧氮组成的含氮化合物，基本结构是氨基酸。构成人体的氨基酸有 22 种，其中有 9 种是人体自身不能合成的，必须从饮食中摄取，称为必需氨基酸，其他 13 种为非必需氨基酸。氨基酸的不同组合构成人体不同种类的蛋白质。蛋白质的作用：制造和修护人体组织。构成人体的肌肉、血液、皮肤、骨骼、头发、指甲等人体各种组织和器官，制造新组织，修护坏组织，如帮助伤口愈合；构成人体内多种重要生理作用的物质，如酶、激素、抗体、血红蛋白等，提供能量。

脂类是脂肪、胆固醇、磷脂、脂蛋白、糖脂的总称。脂类是构成人体各种细胞的主要成分之一，其中磷脂和胆固醇是构成所有生物膜的主要成分。脂肪含量占人体总重量的 15% 左右，最低占 13%，最高占 50%。脂肪是由甘油和脂肪酸构成的甘油三酯，其中脂肪酸又分为饱和脂肪酸和不饱和脂肪酸，不饱和脂肪酸又分为单不饱和脂肪酸和多不饱和脂肪酸。有几种脂肪酸是人体自身不能合成，必须从饮食中摄取的，称为必需脂肪酸，如亚油酸、亚麻酸。脂类的作用：细胞膜、生物膜的主要成分；固定身体组织和器官，脂肪又是器官、关节的隔离层，填充和避免摩擦；供给能量和储存能量；促进脂溶性维生素的消化和吸收；维持体温。

糖类是由碳氢氧组成的碳水化合物，有单糖、双糖、多糖之分。单糖中葡萄糖是唯一能够被机体直接利用的糖类。作为能源，所有其他的糖必须转变为葡萄糖才能被机体利用。若机体摄糖不足，将导致蛋白质转变为葡萄糖，从而使蛋白质分解。所以，膳食中的糖不仅是机体的直接能源，而且对节省蛋白质有重要作用。双糖是指单糖分子中的半缩醛的羟基和另一个单糖分子的羟基共失一分子水而形成的化合物，即水解之后可以形成两个单糖分子的糖。包括乳糖、麦芽糖和蔗糖，分别存在于奶、麦芽和甘蔗中。多糖既有微量营养素，又具有产生能量的葡萄糖，主要以淀粉、植物纤维和糖原等形式存在。淀粉存在于马铃薯、谷物等食物中，是长链糖，淀粉可快速供给机体能量。膳食纤维是一种线状多糖，它不能被消化，其基本形式是纤维素。它既不能供给能量又不能提供营养素，但它是健康膳食不可少的。近年来研究表明，纤维素进入肠道后，遇水膨胀，形成网状结构，有助于食物废物的形成和排出，减少了废物通过时间，降低直肠癌的危险。植物纤维也被认为具有减少冠心病、乳腺癌和糖尿病发病的作用。

维生素又叫维生素，是生物体代谢所必需的一类低分子有机化合物。在人体含量很少，但生理作用很大，绝对不能缺少，一旦缺乏某种维生素，身体必有对应的临床表现。维生素分脂溶性和水溶性维生素两种类型。脂溶性维生素有：A、D、E、K。水溶性维生素有：C 和 B 族。脂溶性维生素可以储存于肝脏中，缺乏症状较缓慢，摄入过多可引起中毒。水溶性维生素不能大量储存，缺乏症状出现快，每天必须摄入足够的需要量，多摄入可通过尿液排出体外，一般对身体无毒性。维生素的作用：维生素主要以辅酶的形式参与酶的功能，在调节人体广泛的物质代谢过程中起着十分重要的作用。

矿物质是指人体必需的矿物质营养素。人体不能合成，必须由膳食摄入，用量少但生理作用很大，缺乏就会有相应的症状。矿物质分为常量元素和微量元素。常量元素：每日需要在 100 毫克以上，包括钙、镁、钾、钠、氯、硫等。微量元素：铁、铜、锌、锰、硒等。矿物质的作用：构成骨骼和牙齿；维持渗透压和酸碱平衡，对血压有调控作用；维持和增强神经传导作用，有安定、镇静作用；维持和增强肌肉神经的兴奋性，肌肉的收缩需要钙离子的参与；参与血液凝固，钙离子担任着激活酶的作用；参与合成胶原蛋白，使血管和软组织增加弹性。

膳食纤维素是指植物中不能被人体消化、吸收和利用的多糖类碳水化合物。纤维素本身不能提供能量，没有营养价值，但是对调节胃肠的消化、吸收、排泄，降低胆固醇，减缓糖类的吸收速度起着重要作用，是预防多种慢性病的重要所需物质，近年来被列为第七大营养素，被称为肠道的清道夫。纤维素作用：降低血液中的胆固醇，预防心脑血管疾病；刺激肠蠕动并保持水分，防治便秘；减缓葡萄糖的吸收速度，防治糖尿病；增加粪便中油脂的排出量，带走部分脂肪，减少脂肪的摄入量；促进肠道中的毒素排泄，预防肠癌，并有养颜功效。

水是人体体液的主要成分，水占人体总重量的60%，具有调节体温、运输物质、促进体内化学反应等重要作用。成人每天饮水量为2000毫升，按体重计算每天每公斤30毫升。白开水是最好的饮用水，饮用时最好饮用凉开水，即把水烧开后，再放凉到 20~25 ℃。

（二）合理营养原则

1.基本原则

（1）平衡性原则

平衡性原则是指人所摄取的各种营养成分，应与身体的生理需要之间形成相对平衡，反之则称为营养失衡。营养失衡的一个方面是营养不良，即营养摄入量过少，不能满足身体需要。其营养不良的主要表现为头晕、怕冷、易倦、体重减轻等，严重者有可能发生营养不良导致的疾病。营养失衡的另一个方面是营养过剩，主要表现为营养补充过度，人的体重过量增加，并引起肥胖等疾病。因此，人体营养需求与补充之间应保持相对的平衡，营养的摄入既不要欠缺，也不要过量。

（2）适当性原则

适当性原则是指人所摄取的各种营养成分之间的配比要合理，即在全面和均衡的基础上进行适当的饮食搭配。人体元素组成与不同状况下各种营养素的需要量是有一定比例的，只有合理的营养搭配，尤其是食物中的蛋白质、脂肪和碳水化合物三者的比例要合理适当，才能有利于人体更好地吸收与利用，保证机体的各种需要，造就健康的体魄。

（3）全面性原则

全面性原则是指人所摄取的各种营养成分要全面，不能偏食。举例来说，乳与蛋的营养最为丰富，但是乳中缺铁元素，蛋中缺维生素 C。因此，无论哪一种食物的营养有多么丰富，都不可能完全满足人体健康的需要。只有通过摄取多种食物中包含的各类营养成分，才能确保人的健康需要。那种一味追求质精量少的高级营养品的摄取方法，以及任何偏食、禁食、少食的方法都是极不可取的。

（4）针对性原则

每个人的遗传因素、身体状况、所处的年龄阶段、生活环境、营养状况等各不相同，因此，在营养摄入和补充方面应区别对待。当生活和工作环境、生理条件改变时，营养素的供给应予以适当调整。例如，由脑力劳动转变成体力劳动时，能量的摄入要有所增加；月经量过多的女性，应注意适当补充铁，而月经量过少的女性，则要适当补充钙。

此外，为了保证身体健康，应随四季变化，合理安排膳食，供应充足的营养，满足身体的需要。春季饮食应温和平淡；夏季应少吃油腻食物，多吃清淡食物；秋季要适当节制饮食量；冬季出于御寒的需要，可多吃脂肪类食品，并注意多吃蔬菜或补充维生素。

2. 膳食金字塔

怎样才能吃得均衡呢？中国营养协会推荐了每日膳食摄入量的膳食金字塔。

五谷类：300~500 克。

蔬菜：400~500 克。

水果：100~120 克。

鱼禽肉蛋：125~200 克。

奶、豆：150 克。

油类：25 克以下。

盐：正常量 6 克。

从这个膳食金字塔可以看出一个规律：食物多样化，五谷为主，蔬菜、水果多吃，适量鱼禽肉蛋奶，少油少盐。

（三）体育运动与营养

1. 运动对营养的基本要求

健康的身体受运动、遗传、营养、心理素质等多方面的影响。其中膳食营养对健康及运动能力的影响，越来越引起人们的重视。运动者吃什么、吃多少、什么时间吃、怎样吃，对其健康程度起着举足轻重的作用。

平衡膳食是指基本营养配比适宜和所有必需物质含量充足的膳食。目前我国膳食构成中碳水化合物、蛋白质、脂肪的比重为 7：1：0.3。这种比例从营养学角度分析是不合理的，较为理想的比例是 6：1：0.6，即应适当减少碳水化合物的供给量，相应增加动物性质蛋白质的脂肪供给量。

人体在运动中热量消耗非常大，在膳食中必须供给充足的热量，维持热量平衡。有学者指出我国大学生中男生每日的热量消耗为 10 460 千焦（2500 千卡），女生每日为 8790 千焦（2100 千卡）；经常参加锻炼的男生每日热量消耗为 13

810 千焦（3300 千卡）女生为 10 460 千焦（2500 千卡）。如果热量长期供给不足，会引起身体消瘦、体重减轻、抵抗力减弱、运动能力下降，对少年儿童还会影响其生长发育。但是，如果人体摄入热量过多，又会引起体内脂肪增多，导致体重增加。

食物一般容易被消化、吸收，但体积不能太大，一般情况下，每人每日摄取食物总量不超过 2.5 千克。

合理膳食对强健体魄、养生益寿和防治疾病是很有意义的。因此，为满足人体各种营养的要求，食物尽量多样化，防止偏食、挑食引起营养缺乏症。一般来说，保证一日三餐，就基本可满足人体对营养的需求。但是，经常运动的人就应根据运动量和强度及运动对消化功能的影响来合理安排膳食质量和时间。一般来说，运动后 30~45 分钟后进餐，运动前 1 小时进餐是比较合理的。

近来的研究发现某些维生素和一些无机盐有新的功能。这些维生素和无机盐可作为抗氧化剂，对细胞具有保护作用。抗氧化剂是一些化学物质，它可以阻止氧对细胞的损害，即可阻止自由基对细胞的攻击。体内不断产生自由基，而过多的自由基产物与癌症、肺病、心脏病和衰老过程密切相关。若自由基产生时，抗氧化剂能够和自由基结合，这样就大大地降低了自由基的毒性。因此，增加抗氧化剂的水平对健康不仅有益，而且可以预防肌肉损伤和疲劳。几种微量营养素被认为是强有力的抗氧化剂，这些抗氧化剂是维生素 A、维生素 E 和维生素 C、β 胡萝卜素、锌和硒等。

2. 体育运动与营养补充

糖是由碳、氢、氧三种元素组成的一类化合物，也被称为碳水化合物。糖是人体内来源最广泛、最经济而且分解最完全的供能物质。人体摄入的糖大部分首先转化为葡萄糖，再由血液运送到肝脏。在肝脏内葡萄糖可以转化为脂肪、糖原或运输到其他组织，如肌肉等。在肌纤维中，葡萄糖分子形成链组成糖原，糖原是肌纤维收缩的直接能量来源。当人体运动时，糖原在肌肉中分解，以很高的速率释放能量。人的运动与糖的贮备有密切关系，人体所需要的能量 60% 左右由膳食中的糖供给。中枢神经需要的能量 99% 以上来自糖，低水平的血糖将首先影响中枢神经系统的功能。低血糖症发生的原因，主要是由于长时间剧烈运动时血糖供应不足或消耗过多，导致血糖过低，皮质调节糖代谢的机制紊乱所造成的。可见，根据不同运动的需要，有时需要适当地补糖，对维持血糖起着重要作用。糖是人体运动时的重要能源物质，无论是在无氧还是有氧的条件下，肌细胞都可以利用糖的分解代谢合成 ATP。糖氧化具有耗氧量低、输出功率较脂肪氧化大等特点，是大强度运动的主要能量来源，在运动供能中占据重要地位，可利用的糖贮备有肌糖原、血糖和肝糖原。运动时需要动用糖代谢供能时，首先动用的是肌糖原，随着运动的继续，肌糖原贮量的减少，肌肉开始摄取血糖，随着血糖利用量的增加，肝糖原开始释放入血，补充及维持血糖浓度的稳定，保持机体运动能力。正常人在肝脏和肌肉中以糖原方式存在的糖约有 350~400 克，一般性的体育锻炼运动前无须特殊补糖，但当运动员参加比赛时，为了明显地增进耐力和提高运动成绩，在赛前的最后 3 天，摄入高糖膳食，可使肌糖原大大提高。为了完成肝脏和肌肉内的糖原储存，比赛前 6 小时内食用高糖餐，可帮助肝脏维持血糖的水平。但应避免在赛前 30~120 分钟时吃糖，以防服糖后胰岛素升高，降低血糖而影响运动能力。随着运动时间的延长，肌糖原开始减少，糖供能也越来越少。在没有糖摄入的情况下，运动 2~3 小时后，血糖的浓度通常会下降到相对的低水平，若不补充糖，没有足够的血糖来补偿肌糖原储存的消耗，运动能力将明显下降，出现疲劳、头晕、软弱无力等低血糖症状。因此，从事长时间高强度运动的人，运动中每小时应该补偿 30~60 克葡萄糖、蔗糖或其他高糖食品。通过补糖可使疲劳推迟 30~60 分钟发生，使运动后期保证足够的糖供给，保持耐久力。通常情况下，体育活动后也不需要进行特殊的补糖，但对于长时间剧烈运动者来说，在运动后应该摄入 50 克的糖，这对促进肝、肌糖原的恢复，预防肝脏的脂肪浸润，恢复血糖的正常水平，减少血乳酸都有良好的作用。强烈的运动后，食欲通常被压制，因而适量地补充含糖的饮料效果较好。由于恢复体内糖原是一个渐进的过程，为此增加糖的膳食可以延续 2~3 天。

当食物蛋白质氨基酸模式与人体蛋白质越接近时，必需氨基酸被机体利用的程度也越高，食物蛋白质的营养价值也相对越高。反之，食物蛋白质中被限制氨基酸种类多时，其营养价值相对较低。动物性蛋白质其氨基酸的可用性较高，植物性蛋白质相对较差。为了提高食物蛋白质的机体利用程度，可将动物和植物如谷类和豆类食品蛋白质混合使用。对于健身人群来讲，蛋白质摄入量应为总热量的 12%~15%，约为 1.2~2.0 克 / 千克体重。一些健身者错误地认为多吃蛋白质会促进肌肉的增长，但事实证明，必须在渐进性力量训练前提下，适量的蛋白质才能使肌肉增长。摄入过量蛋白质不能合成过多肌肉，而且过量蛋白质从医学角度上讲是有害的，它会加重肝脏和肾脏的负担；导致脂肪贮存增加；造成脱水和体液酸化，使疲劳提早发生，降低运动能力。人体内蛋白质约占体重的16%~19%，生命的产生、存在与消亡都是与蛋白质相关的。蛋白质是由氮、碳、氢、氧等元素组成的高分子化合物，它不但是人体的主要组成成分之一，而且也是人体内部进行各种代谢活动的物质基础。人体所需的蛋白质主要从动物性食物（肉、蛋、奶）中获取的，这些食物中的蛋白质称为完全蛋白质，它包含几乎所有的基本氨基酸。其次是从植物性食物（蔬菜、粮食、水果）中获取，其中的蛋白质称为不完全蛋白质，它缺少部分的基本氨基酸。因此，将两类食物相互搭配食用，即可获取完全的蛋白质。营养学研究表明，每天补充足量的蛋白质是十分必要的，青年男子约需56克/天，青年女子约需45克/天。如果单纯以动物性食物为供给源，成人每千克体重的蛋白质需要量为0.75克；而以动植物性食物为混合供给源，成人每千克体重的蛋白质需要量为1.05克。但是氨基酸不会在身体内储存，大部分会很快降解，这就需要每次摄入的蛋白质，必须含有定量、比例合适的各种氨基酸。蛋白质对运动能力的发挥和提高有着十分重要的作用，具体体现在以下几个方面：能够增加肌肉蛋白质合成，增加肌肉力量；可以预防运动性贫血；对体内胰岛素的分泌有良好、稳定的刺激效果，从而保持稳定的精神和体力状态；提高中枢神经系统的兴奋性；在长时间运动时，可以作为细胞的部分能源，提供运动中5%~15%的能量。一般来说，经常从事体育锻炼的人，蛋白质的需要量比普通人要高，正常膳食中蛋白质含量应占总量的12%~15%，约为1.2~2.0克/千克体重。不同运动项目的运动员所需蛋白质量也不尽相同。经常从事耐力型项目的人所需蛋白质量以1.2~1.5克/千克体重为宜；经常从事速度型运动项目的人蛋白质摄入量以1.6~1.8克/千克体重为宜。若从事大强度训练和比赛，激烈竞争所产生的压力或运动后食欲下降等，造成难以保持平衡饮食，可以通过选用营养补充品，弥补蛋白质摄入的不足。

一般人的食物中脂肪占总热量的17%~25%为宜，从事大运动量的年轻人食物中的脂肪量最高不应超过35%。脂肪是运动时被利用的能源，脂肪为运动提供能量主要来自脂肪酸的氧化。在一次长时间低强度的运动中，脂肪的氧化可提供总耗能量的 50%~60%。长期进行体育运动可降低脂肪细胞平均体积，提高脂肪代谢的活性。脂肪代谢对运动能力的重要性在于它能"节约"组织中糖原的能力。在进行长时间大强度的运动时，糖原贮备可以通过脂肪氧化的方式保存或"节省"下来，这就使运动员运动到最后阶段，运动强度超过身体的有氧代谢能力时，能有更多的糖原可供利用，因此，脂肪能提高机体耐力。运动时脂肪供能的另一好处是，长期进行有氧运动，促进脂肪的氧化，降低血胆固醇和甘油三酯，使高密度脂蛋白（HDL）增高，从而减少冠状动脉疾病的发生，降低导致心脏病的危险。对于健身者来说，膳食中适宜的脂肪量也应保持在总热量的 25%~30%。其中饱和脂肪酸供能应小于 10%，有 10% 的能量应来源于多不饱和脂肪酸，其他 10% 则应来源于单不饱和脂肪酸。基本上维持饱和脂肪酸（SFA）、单不饱和脂肪酸（MUFA）和多不饱和脂肪酸（PUFA）之间的比例为 S∶M∶P=1∶1∶1。

二、大学生卫生锻炼

（一）个人卫生

生活制度是指对一天内的睡眠、饮食、工作（或学习）、休息和体育锻炼等各项活动做出基本固定的时间安排。人体的一切活动都是在大脑皮质的支配下进行的，大脑有关神经细胞建立有规律的活动秩序，这就是大脑皮质活动的"动力定型"。"动力定型"建立后，机体会在一定的时间内，对即将进行的活动在生理上做出准备。例如，有了定时进行体育活动的习惯，到了相应的时间，神经系统的兴奋性会增高，在神经体液的调节下，呼吸、循环系统以及机体的代谢能力也会随即加强，以适应体育活动的需要。

睡眠是人的一种生理需求，约占人生 1/3 的时间，皮质细胞中由于工作所消耗的能量物质可在睡眠中得到恢复。睡眠不足，可使大脑皮质工作能力下降，长期睡眠不足，可使大脑皮质细胞的功能失调，严重影响身体健康。人每天应保证一定的睡眠时间，年龄越小，需要睡眠的时间也就越长。一般说，成年人每天应有 8 小时的睡眠，中学生约需 9 小时，小学生则需 10 小时左右。身体活动量较大时，应适当增加睡眠时间。夏季，为补充夜晚睡眠的不足，最好有一定的午睡时间，睡眠时间充足，才能有效地提高人们的学习和工作效率。

良好的饮食卫生习惯，对保证消化系统的正常生理活动和营养物质的吸收具有重要意义。对体育运动参加者来说，还应注意进餐与体育运动之间应有一定的时间间隔。

工作和学习是一天中最重要的活动，对此应做出科学的安排。成人每天的工作学习时间，应为 9 小时左右，中学生每天的学习时间约 6 小时为宜，而小学生则应更少，因为过长的学习时间会对儿童少年的身心健康产生不良影响。因此，在学习和工作中，尤其要注意张弛有度、劳逸结合。休息可分为安静性休息和活动性休息。安静性休息是指原地站立或坐卧不动的静态休息，活动性休息是指以身体主动运动来替代原来的工作或学习的动态休息，如散步、做操、打太极拳等。

人的穿着主要有服饰、鞋帽等，它们对人体起着保暖和防止外界不良因素侵害的作用。平时的穿着应提倡舒适、清洁、美观和富有个性。进行体育运动时，应选择舒适，透气性好和有利于运动能力发挥的服装。体育锻炼时的鞋子应轻便、柔软、富有弹性和具有良好的通风透气性能，并符合运动项目的特点。

皮肤除了能保护机体免受外界侵害外，它还是一个感觉器官。皮肤里分布着丰富的神经末梢、大量的汗腺以及皮脂腺。当汗腺和皮脂腺的开口被封堵时，就有可能因细菌的繁殖发生疖肿和毛囊炎，所以，体育锻炼后应洗澡或擦身，以保持皮肤清洁。牙齿间经常会留有食物残渣，因此餐后要用温水漱口，以保证口腔的卫生。

视力对人们的工作、学习和家庭生活都有重要的影响，注意用眼卫生，保持良好的视力是个人卫生中不可忽视的内容。尤其是重视保护学生的视力，对青少年一代的全面健康成长具有重要意义。为了保护青少年的视力和预防近视眼的发生，应注意培养他们形成良好的用眼卫生习惯，如应经常参加体育锻炼，全面增强体质。读书写字时，姿势要端正，眼与书本的距离要保持在 30~35 厘米，并尽可能使书本平面与视线成直角。切勿躺着、走路和在摇晃的车厢里看书读报，避免在昏暗和耀眼的光线下学习、阅读和书写，看电视时间不宜过长。实践证明，每天坚持做眼保健操，保持眼睛清洁，是保护视力的有效手段。

吸烟和饮酒过度，可导致许多疾病的发生，严重影响身体健康。烟草中含有尼古丁（烟碱）、吡啶、烟焦油、一氧化碳等多种有毒物质，对人体健康危害很大。吸烟对中枢神经系统虽有短暂的兴奋作用，但随后即产生持久性麻痹，扰乱大脑皮层兴奋与抑制过程的动力平衡，引起中枢神经系统功能紊乱，久而出现神经过敏、记忆力减退、失眠、多梦等。吸烟对呼吸道损害很大，烟尘刺激支气管上皮的杯状细胞，使其分泌增加而致多痰，并使气管、支气管纤毛摆动变慢或紊乱，从而破坏上呼吸道的正常防御功能，使呼吸道易感性增加，引起咽喉炎、气管炎、肺气肿、肺癌的发病率增高。烟草中的烟碱刺激中枢神经系统，引起血管痉挛、血流变慢，血压轻度升高，心率加快，甚至出现心律不齐，并能加速动脉粥样硬化的过程。烟草中的一氧化碳可削弱血红蛋白携带氧气的能力，致使组织缺氧，可导致冠状动脉功能不全的人诱发心绞痛。烟碱能抑制胰酶的活性，减少消化液的分泌，改变胃液的酸碱度，扰乱幽门的正常活动，抑制胃肠蠕动。因此，吸烟者患慢性胃炎、胃和十二指肠溃疡病的比率比不吸烟者高数倍。同时，吸烟可刺激口腔黏膜，引起慢性炎症，甚至在腭、颊黏膜和舌等部发生白斑（烟斑），形成癌前病变式癌变。吸烟可使牙齿发黄、松动和短缺、脱落、舌苔厚腻，味觉减退。此外，孕妇吸烟将会影响胎儿发育，使婴儿体重、体力、智力等发育水平均低于一般婴儿的平均水平。吸烟还可损害中耳，使听力下降。综上所述，吸烟对人体健康的危害是多方面的，尤其对儿童、青少年的危害更大。因此，必须教育青少年养成不吸烟的良好习惯。

酒中含有会影响人体健康的酒精物质，酒精含量越高对人体的危害就越大。一般白酒的酒精含量为 40%~60%，葡萄酒、橘子酒含酒精 8%~12%，啤酒含酒精 3%~5%。经常饮用高度酒，会对人体的高级神经中枢、消化系统及心血管系统等产生极为不利的影响。酒精首先对高级神经系统起麻痹作用，使神经抑制能力降低。酒精对消化系统的不利影响也十分明显，它可直接刺激咽、食道和胃等器官，可引起咽炎及慢性胃炎等疾病，影响消化器官的功能。酒精可降低心肌的收缩力，影响心脏的正常功能。吸收到体内的酒精，90% 由肝脏处理，研究发现，肝脏处理相当于一瓶啤酒的酒精需要 4 小时，因此，大量饮酒会导致肝脏工作量加大，给肝脏造成沉重负担，并导致运动能力下降。

吸烟和饮酒同时进行，对人体的危害更大，因为溶解在酒精中的烟碱和其他有害物质可以通过胃肠吸收而直接进入血液，影响心血管系统的功能。饮酒后血流速度加快，加快了有毒物质通过循环系统传递到身体各部位的过程。在日常生活中，应提倡不吸烟，少饮酒，更应避免烟、酒同进。

（二）精神卫生

一个人的健康应包含身体、精神和环境适应三个方面的良好状态。人体是不断与自然环境和社会环境相互作用的精神和身体的复合体。人类为了更好地适应环境，在生活过程中不断地对所感知到的环境刺激做出相适应的心理和生理反应。精神卫生与人体的生理活动和社会实践有着密切的联系。客观现实的刺激和人所特有的大脑功能所产生的心理活动，如思想、情感、意志和行为等，都会影响机体的某种生理活动过程，进而影响机体的内部平衡和适应环境的能力，即影响人体的健康。现代大量的医学研究和临床实践证明，心理因素对疾病的发生、发展、治疗和预防，都具有一定的作用，故有人将高血压、消化性溃疡、支气管哮喘等与精神因素特别有关的疾病，称之为"精神生理疾患"。注意个人精神卫生，应加强自身的思想修养，陶冶道德情操，提倡精神文明。在社会活动中应努力做到胸襟开阔，乐观开朗，勤于奋斗，敢于开拓，时时生机勃勃，愉快活泼。在社交活动中，要正确地对待自己和别人，严以律己、宽以待人并乐于助人。注意个人精神卫生，还必须加强学习，培养自己广泛的兴趣爱好，提高自己对美好事物的欣赏能力，从而使生活丰富多彩，对生活充满信心。

（三）体育锻炼卫生

1. 体育锻炼的基本原则

在学习运动技能时，要由简单到复杂，由易到难，逐步地学会和掌握某项运动技术。在运动量安排上也要由小到大，逐渐增加。每次训练课都要做适当的准备活动和整理活动。运动技能形成的过程具有一定的生理学规律，所谓运动技能的实质是条件反射的形成，是在大脑皮质建立的一种暂时性神经联系，复杂的有意识的运动需要脑的某部分参与，其形成可分为三个阶段。第一阶段的特点是兴奋过程广泛扩散。初学某项动作时，强大的内外本体感受性冲动传入中枢神经系统，由于内抑制过程尚未确立，因而在大脑皮层内引起广泛兴奋和抑制区，由于兴奋和抑制的扩散而使动作僵硬，很多不该参与活动的肌群也参与了，而应该收缩的肌肉兴奋强度不够，运动器官与内脏之间还缺乏适应性联系。结果就会妨碍动作的完成，并且消耗过多的热量，这一阶段尚未掌握运动技能。第二阶段的特点是分化性抑制（又称内抑制）逐渐发生，皮层兴奋和抑制过程在时间和空间上集中起来，确立了分化。由于内抑制的发展，保证了条件反射的精确化和专门化，运动活动变得愈来愈协调。在某些运动模式里，把运动单位中处于活动的以及进行支持性工作的肌肉群集中在一个准确的时间、空间、频率和范围之中，在此阶段，第二信号系统语言起重要作用。此时，要避免形成错误的动力定型，这一阶段已经掌握了运动技能。第三阶段为稳定阶段，完成动作高度协调，皮层动力定型巩固，机体各系统活动的协调性改善，很多动作的完成达到自动化程度。

综上所述，掌握运动技能及提高机体各系统机能都要有一个过程，在训练中注意遵守这一原则可防止发生过度紧张和创伤等。此外，在每一次训练课时都要做好准备活动。在运动时神经系统兴奋性提高，心脏血管和呼吸器官活动加强，新陈代谢过程发生改变，但这些变化不是立刻就能实现的，要通过准备活动使身体温热起来以协调各系统机能活动，这有利于动作的完成和发挥应有水平。同时，适当的准备活动还有助于克服赛前不良状态，使兴奋和抑制过程趋于平衡。适当的准备活动还有预防损伤的作用，如肌肉从安静状态突然进入激烈的工作状态可引起肌肉拉伤甚至断裂。研究发现，健康人在没有准备活动的情况下突然进行剧烈的活动后，60% 的人出现心电图 ST 段及 T 波的轻度改变及 ST 段缺血性下移。发生缺血性 ST 段改变的原因是突然运动使心率加快，收缩压增高，大量交感儿茶酚胺释放，心肌需氧量增加，但此时如冠状动脉不能供应足够的血液，可使心内膜发生缺血。冠状动脉的调节有一迟延时期，如果激烈运动前进行适当的准备活动可避免发生缺血，从而防止心脏受损。

运动训练必须经常系统进行，多次重复才能巩固运动技能，达到高度训练水平，才能巩固肌肉和内脏器官之间的协调联系。对于已巩固建立起来的各种条件反射必须经常强化，否则就会消退。不仅如此，有训练的运动员突然停止训练会引起停训综合征，影响身体健康，为了预防停训综合征，不再集训的运动员不宜突然停止全部训练活动，应逐渐降低强度，减少运动量，以后长期维持一定量的体力活动。

进行运动训练时，必须注意参加者的健康状况、身体素质、技术水平、年龄、性别和心理状态等个人特点，根据这些来制订不同的训练计划。健康状况良好者可进行较大运动量和较复杂的运动，体弱者则要特别注意逐渐增加运动量，而患有某种慢性疾病者更要注意根据具体情况安排体育活动。由于技术水平各有不同，有的训练水平较高者可在全面训练的基础上做专项训练，并不断提高成绩；训练水平较低者应从事基本练习，进行全面身体训练。运动项目和运动量应符合性别及年龄特点。

2. 注意做好准备活动和整理活动

（1）准备活动

准备活动是指体育锻炼前所进行的一系列身体练习，其目的是打破安静时的身体生理平衡状态，调动内脏各器官系统迅速地从安静状态过渡到运动状态。准备活动的作用在于提高中枢神经系统的兴奋性；扩大肌肉、韧带和关节的活动范围；克服内脏器官的惰性，加强心血管和呼吸器官的活动能力，使机体各方面的功能达到适应锻炼的要求，预防或减少因体育锻炼而超生理负荷出现的运动损伤。准备活动包括一般性准备活动和专门性准备活动两种。首先应做一般性准备活动，利用走、跑和徒手操活动身体各个部位使之发热，然后做专门性准备活动，即针对所要从事的锻炼项目的特点进行一些专门性练习，例如，短跑前可做小步跑、高抬腿和后蹬跑，排球比赛前可做传球和垫球等练习。准备活动量的大小和时间长短，应根据锻炼项目、内容和强度，以及季节和气候的不同而有所差异，一般达到身体发热或微微出汗，自我感觉灵活、舒适即可。

（2）整理活动

整理活动是指在体育锻炼后所采用的一系列放松练习和按摩等恢复手段，其目的是消除疲劳，恢复体能，提高锻炼效果，它可使人体较好地从紧张的运动状态逐渐过渡到相对的安静状态，使身体得到新的平衡。运动对身体生理平衡的破坏，会引起一系列生理的变化，这种变化不会随着运动的停止而同时消失，它需要有一个恢复的过程。如果剧烈运动后突然停止、坐下或蹲下，不仅会加重疲劳，更会有晕倒的危险，因此，运动后要认真地做好整理活动。整理活动应着重于全身性放松，尽量采用轻松、活泼和柔和的练习，活动量逐渐减少，节奏逐渐减慢，以促使呼吸频率和心率下降，一般持续 15~20 分。例如，长跑到达终点后再慢跑一段，或边走边做深呼吸运动和放松徒手操。整理活动之后，还要注意身体保暖，以防身体着凉引起感冒。

第三节　高校体育科学化运动训练理论

一、科学化运动训练的基础

（一）运动训练范围

高校学生经过有计划、有重点的训练，才能达到任务目的。在此前提下，还要保证训练计划能够顺利实施，并达到预期效果。因此，训练对体育活动具有非常重要的作用。在进行训练时，教师需要根据每个学生的实际情况制定科学合理、各有侧重的训练方案。学生在比赛中所表现出来的竞技能力和运动成绩都取决于训练的效果。训练是一项复杂的系统工程，涉及生理学、心理学和社会学等多个学科。训练不是一蹴而就的事情，其过程应循序渐进，并且每个学生的训练都应有针对性。学生应具备良好的心理素质和较高的运动技能，以适应不断提高的任务要求。

当个体的能力能够适应任务所带来的挑战，就会有愉快感，就会心无旁骛地投入到这项工作中去。训练目标的制定要考虑到个人能力、心理特征和所处的社会环境等因素。对于一个人来说，目标越清晰，他对自己未来的期望也会更高；对于一个团队而言，目标越明晰，团队人员各司其职，整体凝聚力也会更强。不同时期的个体有着不同的目标，学生在运动中的表现取决于他们所掌握的运动技能以及对各种生物动作能力的了解程度。要求目标具有可测性和精确性，无论短期计划或长期计划都要在培训开始前制订，并细化目标详细内容，确保进程逐步落实。

（二）运动训练目标

1. 全面身体发展

全面身体发展亦称一般身体素质，它是一切体育运动训练的根本。身体素质包括速度、耐力、柔韧和协调等方面的身体能力。它在很大程度上决定着一个人能否参加高水平的体育活动以及从事何种体育项目。学生的全面身体发展基础愈坚实，愈能承受专项训练的考验，并最终有可能开发更多的运动潜力。

2. 专项身体发展

也称为专项身体素质，是为了发展专项运动所需要的生理或身体素质特征。这种训练类型是为了实现运动的一些特定需要，如力量、技能、耐力、速度和柔韧性。不过，许多运动项目需要各种关键运动能力的组合，如速度—力量、力量—耐力或速度—耐力。

3. 技术能力

这类训练注重培养技术能力，而技术能力正是体育运动项目取得成功的必要条件。技术能力与专项身体发展之间存在着密切的关系，在体操十字支撑动作中，学生要想取得优异的体育成绩就必须具备良好的生物动作能力和力量因素。技术能力训练就是通过对技术动作的练习来达到提高专项运动技能的目的，也可以说是通过对专项运动技能的掌握与运用来实现的。发展高校学生的技术、战术水平不仅是为了满足学习任务需要，而且也是为了保证竞技体育健康持续地向前发展。技术能力与体能之间具有密切的联系。二者缺一不可。技术能力的训练受天气、噪声等环境因素的影响，不管是正常情况还是特殊情况，其开展应始终围绕提高运动项目必须具备的专项技能。

4. 战术能力

发展战术能力对于训练过程也是极为重要的。战术能力训练的目的是完善比赛策略，该项训练要以竞争对手的战术研究为基础。具体来讲，这种训练的目的是利用运动员的技术和身体能力来制定比赛战术，增加比赛获胜的概率。

5. 心理素质

心理准备也是确保发挥最佳体能所必需的要素，有些专家也称之为个性发展训练。不管术语如何称谓，发展心理素质（例如自制力、勇气、毅力和自信）对于成功展现运动能力是必不可少的。

6. 健康保养

学生的整体健康状况应当引起充分重视。健康保养可以通过定期健康检查和适当的训练安排来实现，其中适当的训练安排包括将大量艰苦训练和阶段性的休息恢复搭配进行。必须特别注意伤病和疾病，在训练过程中应给予重点考虑。

7. 伤病预防

预防损伤的最佳方式是确保学生已经提高了身体能力，形成了参加严格训练和比赛所必需的生理特性，并确保进行适量训练。安排不当的训练包括负荷过大，这将会增加受伤的风险。对于大学生来说，以全面发展身体为目标是极为重要的，因为这样可以提高生物动作能力从而有助于降低受伤的可能性。此外，疲劳控制也尤为重要，越是疲劳，发生受伤的概率就越大。因此，应当充分重视制订一个控制疲劳的训练计划。

8. 理论知识

在训练过程中充实运动员有关训练、计划、营养和能量再生等方面的生理学和心理学知识。学生理解进行某种训练活动的原因非常重要，教师可以针对各项训练计划的目标进行讨论或要求运动员参加关于训练的座谈会议来达到这一目的。让学生具备关于训练过程和运动项目理论的知识可以提高其决策能力以及增加其对训练过程的关注，这样可以让教师和学生更好地制定出体育课训练目标。

（三）运动训练系统

所谓系统，就是把一些观点、理论或者假设用适当的方式和手段结合起来并加以整理。一个完整的系统不仅要有科学成果，还要有丰富的实践经验。尽管某一体系在其独立之前会附属于其他体系，但是这一体系不应该是原封不动的移植。系统一旦形成就具有不断自我改造、自我更新和发展的能力。现实的社会文化背景是创建或者改善一个的体系需要考虑的关键因素。

1. 揭示系统的构成要素

构成要素在训练系统开发过程中处于核心地位，可通过对训练理论与方法相关基础知识，科学成果，本国优秀体育教师经验积累及他国前车之鉴等方面进行提炼与归纳。

2. 明确系统的组织结构

建立现实的训练系统首先需要确定决定训练系统成功与否的核心要素，短、长期训练模式才能相应地建立起来。这一体系应在全体体育教师中普及，同时又要保持充分的灵活性以使教练员能在自身经验的基础上进一步完善和提高。体育科研工作者在整个训练系统中起着重要作用。体育科学研究不仅可以拓宽其应用领域，而且也为建立训练系统提供了必要的知识基础。体育科研工作者为大学生制订各种监测计划、选材计划以及提供训练理论与技术方面的建议，并提出相应的压力处理方法等。随着体育运动水平的提高，人们越来越意识到体育研究对训练实践具有巨大的推动作用。虽然体育科学对训练系统具有明显的意义，但是在全世界范围内这一分支学科并没有得到应有的重视。

3. 验证系统的效能或作用

在训练系统开始运作后，应定期对该系统进行考评。如果不能及时得到有效的反馈信息，将会严重影响整个训练过程，甚至会造成灾难性后果。因此，必须定期检测和评价训练系统是否处于正常状态。训练系统有效性可以通过测试来确定，用多种方法评估运动员的训练成绩，比如测量荷尔蒙和细胞信号传导等因素直接反映人体的生理适应能力。力学评估方法可以帮助我们更准确地了解训练系统的工作效率，如无氧功率、有氧功率、最大力量和力量增长率峰值等。体育科研工作者可以利用这些技术和专业知识来帮助受训练者提高训练效率；这些研究成果已经被证明具有非常高的准确性。然而，在一些情况下，如训练过程中出现受训练者身体机能下降等问题，可能会导致训练系统性能降低甚至失效。训练系统是一个复杂而庞大的系统，它涉及多个方面的内容，包括技术、组织、人员以及训练团队等。训练系统中存在着各种不同类型的支持因素和直接因素，直接因素指的是那些与训练和评价直接相关的因素，而支持因素包括人力、设备、场地、器材、人员、管理、培训等方面，训练系统的这些支持因素中最重要的是人力。在实际的训练过程中，由于受到诸多因素的影响，很多教师和学生无法有效提高自身的训练成绩。所以，凡能对训练质量产生影响的因素均需得到有效而持续的评估，并随着当代体育运动的发展变化作相应的调整。

（四）运动训练适应

训练是一个有组织的过程，它使身体和心理都在不断地接受各种负荷量和强度的刺激。大学生适应和调整训练与运动负荷的能力，同生物物种适应其所生存的环境一样重要。对于大学生来说，如果无法适应不断变化的训练负荷与训练带来的刺激，将会导致疲劳、训练过量甚至过度训练。在这种情况下，学生无法完成既定的学习目标。

高水平竞技能力的培养需要多年精心策划，不断进行系统且具有挑战性的训练，才能达到预想中的成果。学生在整个训练过程中对环境的适应程度直接影响着他们的运动潜力发挥。对于外界环境因素的影响，学生需要自身进行调节和控制，否则将会导致训练效果降低。环境因素也是教师在制订教学计划时必须考虑的一个重要因素，只有这样才能保证训练系统具有较高的效率和质量。任何一个有组织性的教学计划都是以提高学生的适应性来提高其运动水平的。

二、科学化运动训练的原则

（一）一般训练与专项训练相结合

一般训练与专项训练相结合的原则要求在运动训练过程中恰当地安排两者的训练比重，综合运动项目的特点、学生的水平以及不同训练时间、阶段任务，合理的分配基础训练与专项训练。只有这样才能使整个训练处于最佳状态，发挥出学生的最大潜力。一般训练与专项训练二者之间既有区别又有内在联系，一般训练和专项训练相辅相成、相互补充，才能提高学生的专项运动成绩。对于大学生来说，如果训练的基础阶段脱离了一般训练而过多地采用专项训练内容及手段不利于未来发展，因为不同年龄段和身体条件的学生的实际情况不同，所以一般训练和专项训练的比例安排至关重要。

（二）系统的不间断性

系统不间断性原则就是要从最初的训练到优异运动成绩的产生，再到运动寿命结束，都要进行有计划的、无间断的系统性训练，不断保持并提高运动技能。这期间不仅要对运动员进行全面检查，而且还要科学合理地安排训练量，使之与比赛负荷相适应，在此基础上，才能保证良好的竞技状态。

（三）周期性

通常将运动训练过程中的周期划分为：多年训练循环（4~8年），大循环（0.5~1年），中循环（4~8周），小循环（4~10日）和训练课（1.5~4学时）等几个不同的类型，利用这些循环周期可以制订出不同的训练计划。根据国内外大量研究资料表明，一个完整的训练周期可划分为准备期、竞赛期及休整期三个阶段，每一时期分别具有不同的任务，包括训练内容、负荷安排，训练手段与方法等。从运动项目特点来看，各个运动项目对于大学生机体能力要求不同，且赛季安排也不一样，例如体能类中的耐力性项目在比赛中会耗费大量体能且所需恢复时间比较长，所以一年中可以安排的大周期比较少。相对来说，某些技能类中的表现性项目以及对抗性项目，其比赛安排比较多且赛季较长，一年中的训练大周期比较多，并且多为双周期制度。另外冬季运动项目诸如滑雪和滑冰通常只有一到两个周期。

现代运动训练中有些项目要求训练者每年都要参加很多次重大比赛，每次比赛都力争取得优异成绩，于是一些体育研究员就提出了多周期训练计划，这些问题还需要在训练中通过实践与科研进一步探索。

（四）区别对待

区别对待原则就是在进行运动训练时，应根据学生个人特点有针对性地制订训练计划并选用适当的方法、手段及安排运动负荷。它是以科学理论为依据，对每个人都具有不同程度影响的一种训练方法和教学原则。区别对待原则的基本要求就是区分个体差异，包括学生的年龄、性别、文化水平、身体条件、负荷承担能力、战术水平，以及心理素质诸方面。

三、科学化运动训练的要素

训练量在训练中占有很大的比重，这是因为训练量是达到技术、战术及身体素质高水平的前提。训练量不只是运动过程中所消耗的能量（运动的持续时间），还包括持续训练的时间、抗阻训练的总重量、行进的总距离以及学生在规定时间内完成一项练习或技术动作的重复次数。因此，正确地认识与把握训练量就显得十分重要了。总的来说，训练量可简单地理解为在训练过程中所做的全部活动，而最大训练量就是在一定的条件下，学生所能达到的最大运动量。从上述定义可知，在为学生制订训练量时应注意两点：一是训练量的大小是否符合学生的负荷量；二是训练量是否能够满足所要达到的目的。训练量不是一个固定不变的数值，每一次训练课的训练量都会随着训练阶段的不同而变化。训练总量应具有可监测性，主要根据不同的运动项目和活动类型来确定。耐力运动项目（如举重、跑步、自行车、皮划艇、越野滑雪和赛艇运动），其训练量可按重量进行统计，比如：举重的抗阻训练可用千克力或吨位制来表示（平常说举起多少公斤（或千克）

是指其质量）；而其他运动的训练量则根据训练负荷的大小及组数来表示，比如：跑步的距离、皮划艇划桨动作的重复次数等。训练量可分为绝对量与相对值，绝对量包括时间和频率两方面，频率则表示单位时间内所做的工作量，一般情况下，速度越快，其强度就越大。在某些运动项目的训练中，训练量主要体现在重复次数上，比如，对于棒球等球类运动来说，可利用快速伸缩复合式训练方法，以投掷动作的次数为练习重点；在确定一个人的训练强度时，可以采用不同的方法来调整训练负荷与训练量的比例。一个好的体育教师制订的训练计划不仅要使每个学生都达到其预定目标，而且还必须考虑到他们各自的负荷水平，如果训练强度过大，则会降低整个群体的训练效果。学生在整个学习过程中能够完成的训练量是有限的，而学生的训练时间和训练强度直接影响着其生理适应能力及其体育成绩。在保证训练量的前提下，应该适当地增加有氧运动、力量与功率项目以及团队项目的训练强度，以促进运动员进行更有效率的体能训练。另外，要想提高运动成绩，还必须加大技术与战术技能的训练。

运动员完成高质量训练的另一个重要训练因素就是训练强度。有学者将训练强度定义为与功率输出（即能量消耗或单位时间做的功）、对抗力量或发展速度有关的训练要素。根据这个定义，人体在单位时间内做功越多，训练强度则越大。强度是神经肌肉激活的函数，训练强度越大（如更大的功率输出，更大的外部负荷）需要更多的神经肌肉被激活。神经肌肉激活模式取决于以下四个要素：外部负荷、运动速度、疲劳程度及所从事的训练类型。另一个要考虑的因素是训练时的心理紧张程度，就训练的心理方面而言，哪怕是出现低水平的身体紧张，也会造成训练强度极大提高，从而导致注意力的分散和心理压力的产生。训练强度的量化方式根据训练类型和运动项目而定。速度训练通常用米 / 秒、次 / 分或功率输出（瓦特）来进行量化评定。在抗阻训练中，训练强度的表示单位为公斤，并且其量化方式为：功率输出（瓦特）或者能量消耗，如克服重力 1 米举起的重量（千克力·米）。在团队项目中，训练强度通常用平均心率、无氧阈心率或最大心率的百分比来进行量化评定。在年度训练计划的各个不同阶段中应包括不同的训练强度，特别是在小周期阶段，可以采用多种方法来量化和确定训练强度。例如，抗阻练习或高速度练习的训练强度可用最佳运动成绩的百分比来量化，这种方法认为最佳成绩意味着最大运动强度。再比如，一名学生在 10 秒内完成 100 米冲刺，其速度则是 10 米 / 秒，如果这名学生能以更快的速度跑完更短的距离（如 10.2 米 / 秒），其训练强度则被认为是超最大强度，因为它已经超越了 100% 的最快速度。在强度分级中，用大于最大负荷的 105% 的阻力负荷完成的训练很有可能是等长运动或离心运动，因此这种训练强度被视为超最大强度。在耐力训练中（如 5000~10 000 米），学生可以用更快的速度跑完稍短的距离，因此可以使训练强度达到实际比赛中平均速度的 125%。高强度训练虽然能取得很大的进步，但产生的适应较不稳定。稳定性越低，越容易产生过度训练和运动成绩的稳定平台现象。相反，低强度的训练负荷会使进步缓慢且生理适应的刺激较小，但整个过程却更稳定。训练计划应该系统地改变训练量及训练强度以达到最佳生理适应。

训练强度可以分为两类：一类是绝对训练强度，它表示完成训练需要的最大百分比，另一类是相对训练强度，它用于定量地描述某一训练课或者某个小周期内的强度，也就是在训练期内完成训练量之和。

训练密度，是指人体在单位时间内完成训练课的频率。训练密度中也体现了训练与恢复的关系，训练密度越大，单位时间内用来恢复身体机能的时间越少，很容易给学生造成负荷过重，导致身体损伤；当训练密度较低时，单位时间内用来恢复的时间过长，达不到训练任务要求的强度，降低训练系统的效率与质量。不同训练阶段所需的恢复时间是不一样的，所以训练密度对学生和体育教师来说是最重要的参数之一，它不仅决定着学生是否能达到最好的水平，而且还决定其能否在运动中保持最佳状态。另外，在训练时学生还要学会控制自己的情绪，合理安排训练密度，过度训练可能会导致过度疲劳，甚至力竭造成机体损伤。

量化多次训练课中每个训练日及每一个小周期的最佳时间量是提高运动员恢复速度的关键。当学生处于中等强度运动时，其恢复过程要比高强度运动快 10 倍以上。因此，安排科学的训练密度并且选择适当的训练方法对提高运动成绩至关重要。不同年龄阶段的学生的训练状况大不相同，因此应根据学生的个人特点来进行合理的营养干预和恢复干预以提高其恢复能力。训练密度取决于训练强度，也受到环境条件等多种因素的限制。可根据每一次比赛和每一次训练所需的时间来制订合理的训练密度（比如以每次训练日为一个小周期），以保证每节训练课的有效完成。在耐力训练或者区间训练时，一般有两种常用的"训练—休息"区间安排方式：一种是固定训练—恢复比率；一种是将心率恢复至预定最大心率百分比的持续恢复时间。

　　复杂性指一项技能的完善程度及生物力学难度。在训练时，技术越复杂就越会增加训练强度。与掌握基本技能相比，学习一项复杂的技能可能需要更多的训练，尤其当学生神经肌肉协调性差或在学习技能的过程中精力不完全集中时。让之前没有复杂技术训练经历的一群人参加该项训练，可以迅速地分辨出哪些表现好，哪些表现差。因此，运动或技能越复杂，学生的个体差异与力学效率差别就越大，即使以前已经学会了的复杂技术，也会产生生理上的压力。例如，完成战术训练比完成技术训练的心率和乳酸堆积要高。在该项研究中，训练课的技术部分集中在没有对手的情况下进行技术练习。而在战术训练中，对手的存在显著地增加了训练的复杂性，因此心率和乳酸堆积也会增加。此外，在进行模拟比赛时，也会出现上述反应，但只有在实际的比赛中才会产生最大心率及达到最高乳酸水平。鉴于此，教师在技术复杂性较高的训练或活动中应考虑到不同训练课的生理压力。

　　学生在训练时的总需求受到诸如训练量、训练强度、训练密度和复杂性等因素的影响。尽管这些要素互为补充，但是如果只强化了其中一个要素，其他要素却没有做出相应调整就会增加运动员的总需求。以发展高强度耐力为例，这对教师来说是需要精心计划的，需要平衡训练强度和训练量之间的比例，如果增加训练量，则需要按比例适当减少训练强度，否则不仅不会提高学生的高强度耐力，而且还有可能给他造成不可逆转的机能损伤。因此在提高负荷水平时，选择合理的训练方法是非常重要的。另外，训练环境对训练效率有很大的影响，如温度、湿度、空气流速等均可导致不同程度的疲劳产生。

　　训练量、训练强度与训练密度之间存在着相互制约又互为补充的关系。还需根据学生的年龄、性别等个人特点来制定出适合他们的具有针对性的训练方法。另外，还要对训练内容及其组合方式做出合理选择与安排。训练负荷与环境条件之间也有着密切的联系。教师在制订计划时，不仅要根据运动项目特点来绘制变化曲线，而且还要考虑到训练量与训练强度的平衡比例。学生也应根据自身的特点做出相应的适应反应，合理地调整各个训练阶段的时间安排以及课程表等。训练要素的科学搭配对提高学生的训练效果和体育能力具有重要意义。

　　训练量的合理分配和训练计划的制订是提高学生综合素质的关键。技术与战术训练应以提高人的生理性适应为基础要求，而不是单纯地追求运动能力的提高。因此，在制订新的训练计划时，首先应考虑如何使不同年龄层次的人获得最佳的身体素质水平以及最大限度地发挥出他们的竞技潜能，只有这样才能保证训练质量并取得良好的效果。教师和学生都希望平衡训练量、训练强度和训练密度之间的比例，这就需要科学制订具有个性化的训练负荷安排。

在过去的训练过程中，我们发现随着训练负荷的加大，学生每一天都要接受大量的训练课，而且这只是一个小周期。学生在整个学习生涯中所需要的训练量、训练强度和训练密度都是不断变化的，由于许多因素（如生理条件、心理状态等）对人体机能有影响，所以在不同时期，这种变化是不一样的。在这个过程中，机体各系统会随之发生一系列的改变，这些影响因素一旦剧增，就会造成过度训练的后果。因此在训练中，区别对待原则与循序渐进原则是教师与学生应共同谨记的。

为了保证训练计划的有效性，首先要求教师对学生所承担的训练负荷有一个精确的估计，以便在运动成绩测试中能够及时调整训练计划。教师可以通过对训练课的时间、地点、密度以及战术和技术训练等方面进行监控，以减少由于这些因素导致训练的复杂性提高，进而增加训练负荷。以足球、英式橄榄球等球类运动项目的参与者为例，他们的心率普遍较高，并且心率会随着训练安排的变化而变化，为了防止心率过快，训练强度与密度不宜过大，要及时监控参与者的生理机能状况，否则容易造成过度疲劳，从而影响训练效果，甚至损伤参与者的身体机能，因此，必须采取适当措施防止过度训练。教练员应根据自己的教学经验制订合适的训练量和训练强度，精确计算能量再生的时间，着重探索促进身体机能恢复的途径。

第五章 球类运动的科学化训练

球类运动是体育运动的重要组成部分，也是比较受欢迎的运动项目，可根据所用球的种类分为大球运动和小球运动。本章将从球类运动基本理论知识、大球运动科学化训练、小球运动科学化训练三个方面的内容进行阐述。

第一节 球类运动基本理论知识

一、球类运动概论

球类运动包含特殊的技术动作、战术形式、比赛方法以及严格的竞赛规则等一套完整的运动语言，这些运动语言可供球类运动相关人员研究、交流和教学。它作为一种文化现象存在于各种比赛场景之中，在不同的社会文化背景下形成了不同的文化共享。球类运动作为全球性运动项目之一，在全球范围内得到了广泛的发展。球类运动具有极强的娱乐特性，它不仅丰富了人们的业余文化生活，而且还促进了社会文化与经济活动的发展。随着中国经济建设水平的不断提高以及生活质量的日益改善，越来越多的人开始参与到体育运动中来，因此，球类运动作为一项全民健身的体育项目逐渐成为大众健身的新宠儿并得到迅速发展，越来越多的人开始参与到球类运动项目中去，而在众多的球类运动项目当中，大众健身球型项目最为受欢迎。从不同性别人群对球类运动所持有的态度来看，男女两性具有明显差异。有学者指出，男女在参与球类活动时存在着一定的选择差异。在男性最喜欢的运动项目中除足球、篮球外，还有排球、网球等，而女性最喜欢的运动则是乒乓球、羽毛球以及排球。男女性对各种健身运动项目的喜好程度也不一样，但总体上看，三大球和三小球都是男性与女性比较青睐的运动项目，因为这些运动项目满足人们适度的争强好胜的良好心理，能使人产生愉快感和成功感。从生理构造上来看，人体内各种感受器把复杂多样的状态快速准确地汇报到大脑皮层上，以使人们能够及时做出反应。大脑皮层对这些信息进行分析处理后，再把结果传递到各个感受器。因此参与球类运动的运动员需要反应灵活敏捷，通过准确、快速地判断来把握时机。这也使得球类运动不仅受到广大人民群众的欢迎，同时也引起了各国体育工作者的广泛重视。从某种意义上讲，球类运动已经成为体育运动中最普遍、最有生命力的一项活动，能使人的肌肉和其他器官的机能得到充分地发挥。球类运动有利于增强体质、发展机体各脏器和各系统的功能；有利于培养高尚的道德意志品质（如英姿飒爽，坚韧不拔，敢于战胜困难等）；有利于培养团结、互助、友爱的集体主义精神；有利于发展人的力量、速度，敏捷、耐力以及协调性等身体素质。通过球类竞赛也可以增加人们之间的互动沟通、增进友谊，进而促进全民运动。

二、球类运动特点

所谓的球类运动，顾名思义，其练习活动的开展需要对"球"这一器材进行使用，因此，球类运动的趣味性与吸引力得到了增强。

在球类运动的高水平比赛中，存在着激烈的、紧张的、异彩纷呈、高潮迭起的氛围。而人们关注的焦点不仅仅是球队的整体战略技术，还可以是球类运动员高水平的技能与技巧，所以，毫无疑问地说球类运动比赛的观赏能够给人带来艺术的享受与体验。

众所周知，生命的主要意义在于运动的开展。如果在球类运动参与的过程中，能够对科学的锻炼方法进行使用，不仅能够作为有效的途径来实现练习者身体素质的增强，还能够作为有效的方法使练习者的身体健康得到促进。

由于球类运动自身具有显著的特点存在，一直以来都受到人们的广泛追捧。伴随体育运动的不断发展，人们对于体育健身的思想观念逐渐加深了认识，同时，很多种类别的球类运动项目已经成为全球化的体育运动项目，例如，足球运动项目，被人们称作是世界第一运动。由于球类运动不限制参与者的年龄，即便是少年或者是老人都能够参与，所以，球类运动在人们生活中承担的任务也越来越重要。

第二节 大球运动科学化训练

一、篮球运动训练

（一）篮球运动基本技术

所谓篮球技术，就是篮球比赛过程中参与者为了达到克敌制胜的效果而针对各种进攻和防守所采取的合理而有效的特殊行动与手段的统称。它是在长期的运动实践过程中逐步形成的一套完整的动作体系或动作方法，既符合人体生物学原理，又符合篮球规则要求，具有较强的实效性和较大的个体差异性。在篮球技术动作分类原则中，主要按照技术动作的攻守属性、具体作用以及结构特点来划分。另外还有身体形态分类法，主要参考的依据是参与者的身高、体重、克托莱指数、握力以及肌肉收缩能力等要素，其中肌肉收缩能力又包括爆发力、柔韧性和协调性三个方面。一般来说，根据篮球运动中进攻与防守的属性划分，将篮球运动技术划分为进攻与防守两大类型。

篮球运动进攻技术有移动，传、接球，投篮，运球，抢篮板球。防守技术有防守基本动作、移动、抢球、打球、断球、封盖、抢篮板球。每项技术又有多种动作方法。

防守技术指防守队员合理地利用脚步移动、手臂动作来妨碍、阻断对方进攻，使自身占据有利地位，从而实现争夺控制球权而采取的一切特殊行动的统称。在现代篮球运动中，随着攻守对抗日趋激烈，防守已成为有力得分手段之一。它不仅能提高球队的整体战术水平，而且对比赛最终的胜负起着重要作用。因此，加强防守训练也就显得十分迫切。防守是以防守持球队员为主、防守无球队员为辅的综合性技术动作。

（二）篮球运动体能训练

篮球比赛日趋激烈，身体对抗程度不断增强，参与者的整体体能也比过去得到了大幅度提升，这些都离不开先进体育科学理论的指导。随着体育运动技术向更高层次发展，对大学生身体素质的要求也愈来愈高。因此，如何搞好大学生的体能训练就成为一个十分值得研究的课题。在世界纪录史上，运动健儿们创造了一项又一项辉煌的运动成绩，综合分析后发现他们成功的奥秘就在于科学的训练理论和正确的指导思想。现代篮球参与者要想取得优异的成绩，除了加强自身的体能训练外，还必须不断地引进新技术、新设备，增加科技含量，使学生在平时的体能训练中能充分利用这些高科技成果进行定量控制训练或定性控制训练，制订出科学的训练计划，以促进体育科学技术的发展。在训练时，穿戴新型材料制作的各种不同规格的运动衣服鞋饰，通过计算机与传感技术对学生的各项身体指标进行检测。

篮球运动是一个具有广泛群众基础的运动项目。我国篮球在战术水平上已经达到了高水平，但在体能和对抗能力等方面与国外相比还有一定差距，这就要求我们要不断地提高自己，使我国篮球运动尽快达到世界一流水平，实现赶超。体能水平是决定球类运动胜负的关键因素之一，也是衡量一个国家或地区是否具备开展球类运动实力的标志。篮球运动的最高境界就是"快"，要想成为一名优秀的球员必须具备快速奔跑的本领。同样，想要成为一名出色的教练员也需要拥有卓越的体能训练水平。在一个高度发展的社会中，人们对体能水平的要求越来越高，不仅要有良好的身体素质，还要熟练掌握运动技术以及合理的战术配合。因此，加强对大学生身体素质的训练具有十分重要的意义。快速奔跑是提高篮球运动成绩的关键，所以篮球运动要想取得优异成绩必须同时具备良好的有氧代谢能力和无氧代谢能力。在比赛中的每一刻，都有可能出现瞬间的进攻得分机会，也有可能出现短暂的全力拼抢时间，要求运动选手跑得快、跳得高、动作反应灵敏并且在比赛中正确使用战术，这样才能提升整支队伍的竞争力。速度、力量、耐力、灵敏等各项运动素质的发展都要以良好的体能素质为基础。体能的高低直接影响着学生在大负荷、高强度训练中潜能的发挥，因此没有有效的体能训练方式是很难保证学生竞技能力得到提升的。

（三）篮球运动对人体的价值

骨骼生长发育取决于骨化进程。青少年时期，骨骼中的有机物含量较高，具有一定的可塑性，骨骼增长主要是由长骨旁边的骺软骨完成的。12~18岁是骺软骨生长成熟的重要阶段，随着年龄的增长，其生长速度逐渐减慢，到了18岁左右，已不具备形成成熟的骺软骨所需要的条件，这与儿童时由于营养不良引起维生素

D缺乏有关。如果不注意对青少年进行适当的体育锻炼，就会导致佝偻病等疾病的发生。因此，要加强少年学生的身体素质锻炼。青少年进行篮球运动锻炼可以促进血液循环，改善骨骼的营养供给，加速骺软骨的骨化增长，使骨骼得到良好的生长发育。

骨密质好的长骨骨干与骨骺之间有较多空隙。篮球运动对人体各部位的肌肉及骨表面都有不同程度的影响，其主要表现为：增加骨密度、改变管状骨的形态结构、提高骨抗压、抗弯及抗折断等机械性能。在学生训练过程中如不注意合理地安排运动量及加强营养供应，则容易造成骨折或软骨退变，甚至引起关节畸形与功能障碍。因此，对学生的身体机能进行系统的监测是十分重要的，骨骼在长期的运动负荷下，会形成不同类型的骨密质。

骨松质主要分布在长骨的骨骺及骨干等部位的内侧，其为针状或片状骨小梁组成的多孔隙网架结构（即网孔），与骨髓腔相通，是骨髓的重要组成部分之一。它对维持机体内环境稳态起着重要作用。近年来随着人们生活水平的提高，篮球运动已成为一种深受广大群众喜爱的健身活动形式，越来越受到青少年的欢迎。而篮球运动能促进骨骼生长，主要促进了新骨形成，并在骨小梁之间形成空隙。

骨骼肌是连接关节和骨骼的纽带。当肌肉工作时，可以带动其他部位肌群做同样的动作。如果肌肉停止了工作，则会引起局部或全身疼痛以及功能障碍。因此，骨骼肌在人体运动中占有重要地位。研究证实科学的体育锻炼能引起骨骼肌在形态、结构和功能等方面的一系列适应性变化。

肌肉由肌纤维（也称肌细胞）构成，它是肌肉活动中最基本的功能单位。随着篮球运动的开展，肌纤维肥大现象越来越普遍，其特征为：肌纤维直径增大，横断面积减小。肌肉体积的大小与肢体的围度有关。以往对肌肉体积增大和肌纤维增粗的影响因素的研究较多，近期也有相关实验，比如对学生进行为期12周的耐力训练，观察其肌肉体积的变化及肌纤维的变化。最终证实耐力训练可促进慢肌纤维增长，减少快肌纤维，从而增加肌肉体积。

篮球运动中的肌肉反复牵拉可有效锻炼肌腱和韧带，使肌外膜、肌束膜和肌内膜增厚，从而提高了肌肉的抗牵拉强度，增强了肌肉抗断能力的发挥。

篮球是一项广受欢迎的运动项目，它集力量、耐力、爆发力、速度、灵敏性和柔韧性于一体。篮下激烈的力量对抗，使肌纤维特别是快肌纤维增粗。同时还能提高肌肉对不同负荷刺激所产生的适应性反应能力。篮球比赛时，参与者往往需要有较高的投篮命中率，这就要求其必须具备一定的身体素质。其中包括专项素质，如在快攻时迅速推进，肌肉的快速运动会使快肌纤维增粗，在移动时显示的耐力则会使肌纤维线粒体增多、体积变大。

学生在篮球运动中要进行启动、侧身跑、变速跑、变向跑、急起急停、急停跳投、运球变向等各种技术动作，并要根据不同情况进行相应的调整和变换，以适应激烈对抗条件下的攻防转换。另外还有一些简单的基本技术如投篮、传球、抢篮板球、接球等也经常使用，这就要求学生必须具备较高的身体素质，尤其有良好的下肢爆发力与灵活性。在这些技术中，脚蹬碾的力量训练是最重要的环节之一，它直接影响着腰腹力量和手臂摆动力量的发挥。篮球运动中动作的完成主要依靠原动肌、对抗肌、固定肌以及中和肌的合力协作。因此篮球锻炼可以改善与提高这几个肌群之间的协调性，使得肌肉收缩能够以最为高效、最为节约的方式完成一定的运动，大大提高了肌肉收缩效率。

经常从事篮球运动有三方面的好处：其一，可以增加肌肉内线粒体的数量和体积，提高肌肉有氧氧化产生 ATP 的能力；其二，可以提高肌糖原的含量，提高肌肉内能储备，提高其运动时维持较长时间大功率输出的能力；其三，还可以提高肌红蛋白的含量，从而显著提高肌肉储氧能力，降低乳酸产生量，推迟运动性疲劳的发生，增加肌肉毛细血管的数量，从而提高肌肉血液供应。

篮球是一项激烈的运动项目。它不仅需要参与者具有良好的身体素质、精湛的技术动作、顽强的战斗精神等条件，还要求其有很强的耐力素质、灵敏的反应能力以及对复杂环境的适应能力。篮球运动能增加心排血量，改善心肌合成代谢能力，增强心肌收缩蛋白的活性，促进心肌纤维及心肌细胞间的相互联系，从而影响毛细血管功能，并为心肌运动提供必要的营养物质。篮球运动对心肌细胞、毛细血管等重要的功能活动也产生了一定影响。篮球锻炼引起的上述结构和功能变化有助于心肌有氧氧化供能、心力储备及心肌收缩功能的加强。

当人体进行篮球运动时，肌肉及关节感觉神经输入冲动引起大脑皮质强烈兴奋，迷走神经张力降低，交感神经张力升高，促使肾上腺髓质产生肾上腺素及去甲肾上腺素，加速人体心搏，腹腔内脏血管收缩，肌肉血管舒张，从而增加血液循环量、促进血液再分布。因此，在激烈的对抗比赛中，往往需要学生具备较高的心率、较大的肺活量、良好的血液供给及最大限度发挥身体机能的能力。肌肉进行各种物质代谢过程中产生的大量代谢物通过肌肉血管进入外周阻力较小的部位——冠状动脉，从而影响到心脏活动，这些代谢物通过呼吸运动进入胸膜腔使内压增高，再经静脉血液回流至心脏舒张末期。

篮球运动还可使动脉血管壁增厚，中膜及平滑肌等弹性纤维增生，尤其是在大动脉中，弹性纤维的增生尤为显著；而在中等动脉中，平滑肌细胞增生最为明显，而长期进行篮球训练可以改变这两种因素间的比例关系。有学者采用放射免疫方法测定了学生在不同强度的体育运动后血清中血管活性物质含量的变化，并与正常对照组进行比较，结果发现：锻炼可增加骨骼肌毛细血管分布数量，有利于改善器官供血功能。因此常参与篮球运动可增加心脏毛细血管量，增大心室肌毛细血管密度，增粗冠状动脉，有利于心肌供血及氧气利用功能。

血氧饱和度是指血液中血红蛋白与氧气结合的程度。血液中血红蛋白可以结合氧和解离氧，是人体必需的氧的载体。血氧饱和度是反映血液运输氧的能力的重要指标。人体除了红细胞中的血红蛋白可以运载氧之外，肌肉中的肌红蛋白也是一种含铁蛋白质，其性质和血红蛋白一样。运动可以使血氧饱和度增高，肌红蛋白增加，机体内含氧量增强。

正常成年人男性的肺活量为 3500 毫升左右，女性约为 2500 毫升。经常参加篮球运动，能使呼吸肌得到发展、胸围加大、呼吸深度加深、肺和胸廓弹性增强、安静时呼吸次数降低、肺活量增大。篮球运动员的肺活量较常人高，优秀运动员可达 7000 毫升左右。经常参加篮球运动的大学生，肺活量明显增加，有氧运动能力有显著提高，说明篮球运动对改善机体的生理机能有积极的影响。

普通人安静状态下每分钟吸 12~16 次新鲜空气，每吸一次新鲜空气大约 500 毫升左右，肺通气量 6~8 升 / 分；剧烈活动状态下吸一次新鲜空气可以增加到 40~50 次 / 分，每吸一次新鲜空气可达 2500 毫升，比安静状态下增加 5 倍左右，肺通气量可达 70~120 升 / 分。篮球运动中，参与者的呼吸深度明显加大，呼吸频率加快，这是因为篮球运动对人体肺活量影响较大，进而使全身各系统都得到充分锻炼。如：增强肌肉力量、提高心肺功能，促进血液循环，加快新陈代谢等，同时还有利于呼吸系统机能活动。肺通气量的变化与运动员的年龄、身高、体重等因素有关，在安静状态下，运动员的呼吸频率低于无训练者，而在比赛状态下，则表现为最大肺通气量和气体交换率均高于无训练者，即运动员的肺通气比普通人更有效。

二、足球运动训练

（一）足球运动基本技术

足球运动中的基本技术动作有颠球与踢球两种。其中，颠球是所有学习足球技术的人必须熟练掌握的，颠球的目的在于提高参与者的球性和力量，使其身体的各个部位都能有效地触击球、控制球，在球不落地的基本要求下增强对球的重量、弹性以及旋转规律和节奏的了解。踢球也是足球技术中最重要的组成部分之一，主要目的是用脚将球踢向预定目标。它包括传球与射门两部分，现将其技术动作结构做如下分析：踢球的基本动作要领包括准备姿势、助跑、支撑脚站位、脚触球和随前动作等5个部分，熟练掌握后才能自如运用各种踢球方法。

助跑就是在踢球之前的跑动，这是一个技术性很强的动作，主要为了使支撑脚在正确的位置增加踢球的力量，所以需要助跑来调整人与球的距离与方向。在比赛中，助跑是得分的关键，也是决定胜负的重要因素。所以我们必须重视助跑技术训练。助跑的意义是为下一步动作做好准备，加快踢球腿的摆腿速度，以达到加速和制动身体的目的，提高前冲和击球的准确性。依据助跑的方向与击球的方向是相同还是交叉，可将助跑分为直线助跑和斜线助跑两种类型。

支撑脚与踢球腿之间需要有一定的摆幅，以保证踢出高质量的球。支撑脚应根据不同情况选择不同的踢球方法。一般情况下，脚距离球10~15厘米采用的踢法需要踩在球的侧方；脚距离球25~30厘米采用的踢法需要踩在球侧后方。踢球时脚的位置很重要，尤其是踢活动球时，必须使支撑脚先着地。支撑脚必须有较高的稳定性和一定的弹性，如果支撑脚没有很好地起着稳定足球飞行方向的作用，就会影响到整个足球运动的轨迹，同时要求踢球的力度足够大。支撑脚落地是为了使踢出的球更有力地向前滚动或向后滚动，也就是用踢球腿后摆来完成。如果追踢前滚球，则支撑脚着地位应略靠前方，使其离球适当。支撑脚前冲力量的大小直接影响着膝关节和支撑脚之间的固定支点。

踢球力量受到多方面因素的影响，主要与踢球腿的摆幅有关，踢球腿的摆动幅度与速度直接决定足球的运行速度及运行距离。踢球腿的摆动动作与落地时的动作一样，都是为了让球在空中有一个稳定的轨迹，以保证在落地时能顺利到达预定的位置。踢球腿摆动，是指支撑脚跨步（助跑的最后一步）时顺势后摆的动作。由于髋、膝、踝三关节均有不同程度的外旋运动，所以要使身体重心保持平稳，必须保证这三个关节都能充分转动，并尽量做到不做屈伸或扭转动作。支撑双脚着地时，以髋关节为轴心，大腿推动小腿从后摆起，在膝关节摆近球竖直上方的瞬间，小腿向前摆击加快。

脚触球是由踢球脚部位与击球部位组成。一般情况下，用脚在一定位置击球时，力从球的后中部经过球心使球平直发射。在面对各种方向的活动来球时，踢球脚的选择以及击球的位置应根据来球的方向、速度，并且综合出球的目标来决定。在现代足球比赛中，经常会出现一些以弧线球为主的打法，如香蕉球等。其特点是出球快、落点稳定并且不易被对方防守队员发现。因此，人们常把它称为"香蕉"式射门，这种足球又叫前旋球，这类踢法多采用脚背内侧或外侧击球方式，击球时的力不会经过球心而使球体发生转动，沿某一弧线跑偏。这种方法具有很强的隐蔽性，不易被对方判断踢球方向，正脚背着地之后，立即用前旋球来摆脱对方的威胁。

前摆和送髋都能改变出球方向，通过前移身体重心增加踢球力量、减小前冲惯性；因此在足球教学中应适当地弘扬这种技术，有利于学生掌握射门技术，提高教学效果，同时也有利于培养学生良好的意志品质，为以后进一步学习打下坚实的基础，另外还可避免盲目练习，踢完球得随前运动，也方便和后续运动连接。

（二）足球运动体能训练

足球运动具有竞争激烈、对抗性强以及间歇性、高强度重复冲刺跑和在剧烈地跑动中换位等混合性特点。现代足球比赛从 20 世纪 70 年代开始向"全面型"方向发展，以强对抗和高速度为主要特征，对大学生的身体素质和战术能力都有很高的要求。加强大学生群体的身体训练不仅可以促进我国足球运动技术的进步，而且有利于缩短与世界先进国家之间的差距。因此对大学生来说必须有一个好的身体条件才能完成各项体育课程任务。高校作为我国教育事业的重要组成部分，担负着为国家输送人才的重任。身体素质训练是高校学生在大负荷训练或高强度比赛中进行战术训练的基础，直接影响着运动员的成绩及心理状态。身体素质训练对高校学生预防伤病有很大帮助，同时也能帮助其养成刚强果敢的良好作风。

随着现代足球运动技术、战术水平的迅速发展、提高，足球运动员身体素质训练技术也在不断地发展。足球运动体能训练改变了过去身体素质训练的片面性，要求加强全面身体素质训练，并结合足球项目的运动特点，在进行速度、柔韧、灵敏、力量、耐力等素质训练中，多采用在运动中有节奏和有强度的训练方式，改变了以往在静态中进行柔韧、协调、力量等素质以及教条死板的速度训练方式，因而促进了学生身体素质的全面发展和提高。学生在动态中奔跑、变向的能力，以及争抢、拼抢、协调能力较过去都有明显的提高，还增加了比赛的观赏性。由此可见，科学、系统的身体训练是提高足球运动技术水平的重要因素之一，各大球队都将身体素质的训练放在了足球训练的首位。加强科学的身体素质训练，对提高身体素质训练水平，对迅速提高我国足球运动水平，具有十分重要的现实意义。

（三）足球运动对人体的价值

足球是一项对抗性极强的集体竞赛，在这既要激烈竞争又要团结合作的大环境下，队员们的意志品质与竞争意识都将得到锤炼，有助于形成吃苦耐劳、积极上进、勇于进取、不畏艰难等品质。与此同时，足球比赛的形势日新月异，纷繁复杂，这就给运动员提出了更高的思考、观察、判断和反应的能力要求。足球训练时间长了，大学生或许未能成为好球员，但是其头脑将更加灵活、判断将更加精准、视野将更加广阔、意志将更加坚韧。所以，参与足球运动不仅是为了赢得最后的胜利，还为了提高自身的各方面素质。而要想成为一名出色的球员，必须具备良好的意志品质和一定的心理素质，同时培养并提升社会环境适应能力、竞争能力等总体综合素质。

足球运动对身体素质水平的要求是很高的，它需要高速度的奔跑能力、控制身体重心的能力、灵活的步伐、步点、对抗中的力量素质以及良好的耐力和柔韧素质。在足球训练过程中，科学的训练方法、合理的运动负荷、循序渐进的教学方式，会弥补学生身体素质上的不足，从而激发出足球运动员的潜力，使足球运动员的身体素质水平得到全面的提高。只要能持之以恒，不懈努力，将会拥有强壮的体魄和矫健的身手。

三、排球运动训练

（一）排球运动基本技术

按照身体重心的高低，排球的准备姿势可分为半蹲准备姿势、稍蹲准备姿势和低蹲准备姿势3种，这几种不同的准备动作对不同的来球进行防守。

并步与滑步：当来球距身体一步左右时可采用并步移动，如向前移动时，则后腿蹬地，前脚向来球方向跨出一步，后腿迅速跟上做好击球准备。当球在体侧稍远时，并步不能直接近球时，可快速连续并步，连续的并步即滑步。

跑步：球离身体较远时需用跑步，采用跑步移动时，两臂要配合摆动，根据来球的方向，边跑边转身，并逐渐降低重心，保持好击球准备。

交叉步：以向右交叉步为例。上体稍向右转，左脚从右脚前面向右交叉迈出一步，然后右脚再向右跨出一大步，同时身体转向来球方向，保持击球前的姿势。

跨步与跨跳步的区别：跨步较交叉步运动距离远，接低1~2米的球较为容易。它的动作要领是，两脚前后开立与肩同宽，膝关节微屈，两臂自然下垂。在运动中步幅大、重心低。若前移，后脚蹬地力大，前脚跨步大，膝屈曲，上体向前倾，重心移到前腿，可前移，也可以向斜前或侧方移动。跨步时，先做准备活动，再做跳跃腾空，最后做下一个跨跳步动作。

综合步是指在一个完整的动作中所采用的各种步法的综合。

排球发球动作大体可分为3种类型，即正面下手发球、侧面下手发球和正面上手发球。

正面下手发球（以右手发球为例）预备姿势为发球学生正对球网站立，两腿前后开立，两膝微屈，上体向前倾，左脚在前，右脚在后，左手持球于前腹向下的位置。右手持球时，身体重心应放在左脚上。抛球的摆臂姿势为左手把球顺利地抛向腹前的右侧，距手高30厘米左右。球拍与地面成60°角，拍面向下，右肘屈腕向前上方摆出，肘部向左方倾斜10°~15°。双手握拍时掌心向上，手指自然下垂，抛球时右臂外展向后下方摆动。挥臂击球姿势以右脚着地，右臂外展，以肩部为轴心，从身体后侧下方向腹部前方挥臂，身体重心也相应向前移动，于身体右前方用全掌或者掌根向后方击球，击完球快速入场比赛。

侧面下手发球预备姿势为发球学生左肩部对球网站立，两腿左、右开立和肩等宽,两膝微屈,上体微向前倾,左掌持球在腹部前方。抛球摆臂姿势:右手持球于腹前成 30 厘米左右高度,双手握拍方向相反,拍面斜向上并贴于胸部,右手持球拍向下摆出一定角度。然后将球拍置于右腕处,手臂放松自然下垂,使前臂和肩部处于松弛状态,抛球时右臂外展至体右后侧下方。击球时,先保持正确的挥臂击球姿势(体前、腹前和全掌),然后再以掌根为轴旋转。击球后快速入场比赛。

正面上手发球的准备姿势是发球学生面对球网,两脚前后自然开立,左脚在前,右脚在后,左手持球在腹前。抛球摆臂姿势是左手将球平稳抛至右肩前上方,高度适中。在抛球的同时,右臂屈肘抬起并后引,肘关节与肩部齐平,手掌自然张开,呈勺形,上体稍向右侧转动,抬头,挺胸,展腹,身体重心移至左脚。挥臂击球姿势是击球时,两脚蹬地,上体迅速向左转动,迅速收腹,带动手臂向右肩上方加速挥动,以全手掌击球的后中下部。击球时,手臂要充分伸直,手掌和手腕要迅速明显做推压动作,使球向前呈上旋飞行。击球后,迅速进场比赛。

传球是排球运动的一项重要技术,是组织进攻战术的基础。传球主要运用在第二传,用于衔接防守和进攻。由于传球是用手指和手腕的动作去击球,而且手指手腕灵活,感觉能力强,两手的手指控制的面积大,因此传球准确性较高。传球技术种类较多,主要有正面传球、背传、侧传、跳传、单手传等。

垫球的主要用途是接发球和接扣球,它具有速度快、变化灵活、隐蔽性强等特点。随着世界排球运动水平的不断提高和我国排球技术水平的迅速发展,特别是在国际大赛中,运动员对垫球问题越来越重视。比赛中垫球是力争多得分少失分、变被动为主动的一项重要技巧,也是安定球员情绪和激发球员斗志的一种重要方法。

扣球也是排球的基本技术之一,它具有很强的攻击性,是一项争夺发球权的有力武器。随着世界排球运动水平的不断发展,对扣球运动员提出了更高的要求,这就需要我们体育教学人员根据学生特点,科学地进行训练和指导,加强专项身体素质训练,以提高扣球技术水平。扣球的成功与否直接影响到整个比赛的胜负,因此,在比赛中,要善于运用各种战术配合,以达到预期的战术目的,利用扣球技术掌握比赛的主动权。

拦网是排球运动中最基本也是最重要的一项技术,它虽然是防御技术却同时具有很强的进攻性。它既能保护自己又可掩护同伴进行攻击，在比赛中发挥着不可替代的作用。随着排球竞赛规则的不断完善。拦网技术得到了越来越广泛地运用。拦网的形式很多，成功地拦网能直接将对方扣球挡在身前，从而减弱对方的进攻锐气，缓解本方后排的防守压力，给组织反攻制造时机，也是夺取发球权最主要的手段。

（二）排球运动体能训练

排球运动以快节奏、强对抗为主要特征，需要学生具备良好的体能作为基础保障。随着每球得分制在排球运动比赛中的推行，使得每一场比赛所需时间明显缩短，比赛强度显著加大，双方竞争激烈程度显著提升，这就对学生体能有了更高层次的要求。因此，提高排球比赛中的体能训练，已成为当今竞技体育排球发展的重要课题之一。目前，国内外学者对此进行过大量的研究工作。本文就其研究成果做一综述。排球运动的特点决定了它既要进行无氧供能又要进行有氧供能。如何提高参与者的身体素质和专项能力是当前世界各国体育工作者所关注的问题。目前，国内外有关这方面的报道较少，尚未形成统一的观点。大学生采用波浪式的爆发用力和间歇休息相结合的方法进行训练，这是一种较好的训练手段。随着技术水平的不断提高，负荷水平也随之增加，在不同负荷水平的竞赛中，对手各不相同，无氧与有氧供能之比也在时刻变化着。在排球运动中合理地运用无氧供能系统对提高成绩具有重要意义。间歇训练法和有氧耐力训练也日趋科学化，这对排球运动员的体能要求提出了更高的挑战。

体能测试是考核体能训练效果的重要手段之一，它在一定程度上反映出一个人的体能训练情况。依据可靠的测试数据可对大学生的体能进行综合分析，为其体能训练成果提供客观评价，从而提高大学生的体能训练水平和质量，同时也可为体育教育部门制定相关政策提供参考依据。随着体育教育改革的深入发展和高校招生规模的不断扩大，各院校都加大了体育考试项目与分值比例。在这种情况下，体能测试的准确性与科学性就显得尤为重要。排球作为一项集体球类运动深受广大学生喜爱。运动员体能可分为身体形态、机能和运动素质三个方面，这三个方面都有不同的测试方法。身体形态测试指标有：高度（身高、坐高、足弓高）、围度（胸围、臂围、臀围），宽度（肩宽、髋宽），充实度（体重和皮脂厚度）；

机能测试指标主要有心率、肺活量和最大通气量等。体能是运动素质的重要组成部分，体能的外在表现为运动素质，良好的运动素质离不开科学有效的体能训练，而合理的体能测试又是提高学生身体素质的基础。

排球运动员的体能分为一般体能和专项体能两部分。一般体能主要包括力量、速度、耐力、灵敏、柔韧等身体素质及与之相适应的各种机能；专项体能主要指弹跳能力、移动能力、手臂挥击这三种基本的身体运动能力以及相关的器官系统和身体形态。排球运动是一项对抗性较强的集体项目，其技术动作复杂多样，对各方面素质都有较高的要求。因此，科学地进行体能检测就显得尤为重要。根据排球运动在比赛中所表现出的不同特点，建立了以体能测试为基础、以体能评价为主线、以提高训练水平为目的的指标体系。建立科学的学生体能测试体系，并遵循以下原则：客观性原则、可操作性原则、可比性原则、全面性原则、综合性原则以及动态性原则。一般体能的各评价指标与专项体能的各项评价指标相对应。具体指标如下：力量（最大力量、速度力量和力量耐力），速度（最大速度、速度耐力），耐力（无氧耐力、有氧耐力），柔韧（一般柔韧、专门柔韧），灵敏（一般灵敏、专门灵敏）等五大方面。排球运动员的专项体能指标主要有：弹跳能力（弹跳高度、弹跳速度、弹跳耐力），移动能力（反应时间、起动时间、移动速度），手臂挥击能力（挥击速度、挥击力量、挥击耐力）等。测试方法应根据实际情况来选择，比如，采用400米跑计时的方式进行无氧耐力测试、采用助跑双脚起跳摸高的方式进行弹跳能力中的弹跳高度测试等。项群训练理论认为：排球运动属于隔网对抗性项群，其各项要素按照重要程度排列为：移动速度、弹跳力、挥臂速度、灵活性和耐久力。所以，科学论证大学生体能测试的具体流程十分重要，结合训练的实际情况与本运动项目的特点，测试范围要覆盖所有重点要素，测试手段应具有可行性与高效性。

（三）排球运动对人体的价值

从排球运动特点来看，排球运动的锻炼价值在于既可以增强人的力量、速度、柔韧、耐力、弹跳、反应等身体素质与运动能力，改善人体各脏器、各系统的机能状况，又可以发展机智、果断、沉着、冷静等心理素质，同时还是建设精神文明的好方法。因此，它作为一项深受广大群众喜爱的体育运动项目，是高校体育教学中不可缺少的内容。在学校体育教育工作中，经常地组织排球活动对促进学生身心健康有一定的积极作用。在排球比赛与训练中，需要队员之间相互配合、协调战术，潜移默化中培养了大学生团结奋斗的集体主义精神以及英勇顽强、不畏艰难、戒骄戒躁的意志品质。

第三节　小球运动科学化训练

一、乒乓球运动训练

（一）乒乓球运动基本技术

乒乓球运动基本技术可分为快攻打法、弧圈打法、弧圈结合快攻打法、快攻结合弧圈打法、以削为主的削球打法、削球和进攻结合的削球打法。

乒乓球运动发球方式有以下八种。

正手发奔球：其特点是，球的速度较急，落点较长，冲力较强，向对方右侧大角或者中间偏左的部位发奔球，可以给对方造成较重的威胁。

反手发急球及发急下旋球：击球动作较小，球在空中形成一定的弧线和前冲，配合发急下旋球有利于运动员实现抢攻。

发短球：击球动作较少，出手迅速，球落在对方台面上的第二跳没有出台，这样对方就不容易用力去抢拉，无法实现抢攻。

正手发转和不转球：利用前冲力进行发球动作的旋转变化，迷惑对手使其出现接发球失误，球速较慢，可适时为自己争取抢攻机会。

正手发左侧上旋（下旋）球：左上旋（上旋）力大，当对方挡球时，向自己的右上旋（下旋）方向弹起，通常发球时站立于中线偏左侧或侧前方位置。

反手发右上旋（下旋）球：右上旋（上旋）球的力量很大，当对方阻挡时，反弹到他的左上旋（下旋）球。接法是在上步的基础上进行旋转变化，击球时右手持拍或左手握拍均可；发旋前角一般选择 30° 左右为宜。

拉弧圈球：拉弧圈球速度快。发球落点以左方斜线长球和中右近网短球为主。

下蹲发球方面：下蹲发球比上手类发球更适合中国选手使用，在 20 世纪 50

年代以后下蹲发球成为中国选手的主要打法。发下蹲球时分为横拍及直拍两种打法，其中直拍是最常用的握拍方法之一，也是最容易被选手掌握的技术，主要依靠右手的食指来控制球的方向。随着发球技术发展，下蹲发球逐渐被越来越多的人所接受。这种发球方式具有旋转强、力量大等特点，是一种比较有效的发球方式，发出的左侧旋和右侧旋球往往使对手应接不暇。

高抛发球具有较大的正压力、较快的发球速度以及较强的冲力等特点，能够产生强烈的旋转变化。在比赛中常常成为得分手段之一。一般情况下，反手击球比正面击球得分率要高出一倍左右。因此，采用这种技术进行进攻和防守都能收到良好效果，但是要掌握高抛发球存在着一定难度，因为其动作比较复杂。

（二）乒乓球运动体能训练

乒乓球具有一套完整的技术动作，以攻、冲、拉、推、削、搓以及多种步法移动为主。它要求运动员具有较高的速度、灵敏和耐力素质。在每一次击球动作中，都要有良好的屈伸、内旋和外旋的技术配合，同时还要有较强的爆发力，这种爆发力是以灵活性为基础的，它要求参与者能进行交替用力，并具有良好的感觉能力。上肢运动具有屈髋幅度大，前臂旋转半径小，肘关节角度变化快，腕掌角大小不稳定等特点。就脚步移动而言，一整套运动包括蹬脚（蹬地必须有力量），起跑（启动必须突然），动作（动作必须快），跨步（跨步必须准），停顿（停顿必须平稳），爆发力等要素。对于腰腹动作来说，要保证击球时左、右转动的速度需要力量素质作为基础支持，因此应注意增强身体的爆发力，并使重心向后倾斜以提高身体的伸展能力。

在人体的整个生长发育过程中，身体训练是基础。青少年一般在12~15岁开始进入体育学习阶段。此时他们的生理机能逐渐成熟，运动能力也迅速增强，体育锻炼有极大地需求。因此，加强体质锻炼是十分必要的。大学生在进行体能训练时，应以全面身体训练为主，适当兼顾一些专项体能训练，如培养速度、柔韧等灵敏素质及力量、耐力素质。伴随着年龄增长，全面身体素质达到了一定的水平，再逐渐加大专项身体素质训练所占比重。

（三）乒乓球运动对人体的价值

乒乓球这项运动具有健身性、竞技性、娱乐性等多种特点，具有很高的锻炼价值。它是一项全身运动，特别适合将人从疲劳中解救出来，使人产生一种轻松感和愉悦感，它还能促使人们保持充沛的精力和旺盛的体力。要求运动员在比赛中能迅速而准确地完成各种动作，并使肌肉和关节组织得到充分的锻炼。同时还可以培养学生的反应、判断、分析等能力以及良好的操作思维能力。优秀的乒乓球运动员必须具备良好的心理品质。心理学人士运用心理测验法对我国优秀的少年乒乓球运动员进行研究，发现他们具有较高的智力水平、较强的操作能力，最重要的是与普通学生相比，他们具有更好的心理素质等，如自信心更强、有较好的独立性。这类人群在日常生活中常表现出机敏过人、动作协调的特点。乒乓球运动可以促进大脑与身体之间的信息交流，能够调节人的情绪。简言之，乒乓球运动使参加者受益终身，具有一些其他运动没有的独特作用。

二、羽毛球运动训练

（一）羽毛球运动基本技术

发球：发球技术可分为正手和反手球技术。一般来说，发网前球、发平球、发平高球均可采用正手发球法。基本的发球技术有发高远球、发平高球、发平球和发网前球等。

正手挑球：前期动作与正手放网基本相同，但挑球的击球点要比网前其他主动技术来得低，因而要适当降低身体重心，成右弓箭步，右脚尖正对来球方向。前臂充分前伸并旋外，手腕尽量后伸使球拍后引，采用正手握拍法。击球时，主要利用前臂旋内、屈腕和手指的力量，在身体右侧前下方，向右前至左上方挥拍击球托底部，将球向前上方击出。击球后，右脚稍内扣蹬地回收，球拍收回至胸前还原成准备姿势。

正手扑球：见对方来的球离网较高时，快速往前蹬跳，若离网较远时，可加一并步，然后再往前跳。腾空时身体前倾至右侧，双臂完全向前伸展，同时快速转换握拍方式，让拍面平行于球网朝向来球。击球时无名指、中指、小指并拢握住球拍。当对方来球距离较远且速度较慢时，则应将球拍快速回拉以增大出手角度；如对方来球速度较快，应适当加大击球力度。中指、食指和小指在拍柄上呈"闪动"状。击球后，随前幅度不大，右脚着地制动，随即收拍举起，以封截住对方有可能挡回来的球。

羽毛球运动讲究"三分技术，六分步法"，三分技术要求羽毛球运动员动作快速、准确和灵活。步法是羽毛球运动的"灵魂"，没有好的步法就不可能有高质量的比赛。在羽毛球比赛里，如果选手双方的实力不相上下，按照来球方向，选手们要时左时右、时前时后做成千上万次快速运动并腾跃挥臂击球，如此大的运动量在这片面积接近40平方米的小场地里显得颇为惊人。这就对我们羽毛球选手提出了三点更高的要求：一是要有较好的身体素质；二是要具备高超的专项技能；三是具备超强的战术意识。羽毛球球路变化多端，运动特点也不明确，需要运动员在赛场上具备全方位出击的能力。运动员采用交叉步、垫步、跨步、蹬跨步、蹬跳步、起跳等多种步法在极短的时间内根据来球方向快速移动至合适的地点，用前场、中场及后场的击球手法将球击入对方场。

（二）羽毛球运动体能训练

羽毛球运动不仅需要相当大的肌力（如大力扣杀动作）和较好的快速力量（如平抽），而且还要有非常好的力量耐力。羽毛球项目力量素质的另一个特点是反复动用能力。无论是大的力量还是小的力量，在一场比赛中，相应的肌肉都会反复地被动用数十次，甚至上百次，而且反复之间的间歇时间多变而不固定。力量是身体素质的基础，羽毛球项目虽不是强调发展绝对力量，但应在具有一定的绝对力量的基础上发展速度力量。羽毛球专项力量经常使用引体向上、跳远、俯卧撑、仰卧起坐、背肌力、握力、腹肌力等方式进行指标检测。

羽毛球项目对学生灵敏素质以及柔韧素质要求较高。需要学生的兴奋—抑制运动中枢在短时间内对运动中的突然启动、急停和迅速变换动作等迅速做出反应，并且要求学生具有规范的击球动作和足够的击球力量；良好的柔韧性能够增加肌肉和韧带组织的弹性，从而使羽毛球项目对中枢神经系统产生积极影响。在羽毛球运动中，无论是跨步挑球还是跳起扣杀球均需要良好的技术动作来完成，因此对柔韧性要求较高。良好的柔韧性对提高运动技术、速度、爆发力以及调整身体姿态都具有积极作用。坐位体前屈和纵劈叉是对运动员专项身体素质进行测试的两个常用指标。

羽毛球运动的特点是短时间、高强度、间歇性的长时间活动。羽毛球中击球力量、击球速度以及击球路线千变万化，在全场奔跑过程需要急起、急停、起跳、转身，动作快速转变，接连不断，加快了学生全身的血液循环。剧烈运动时，机体内各组织、器官的血液重新分布，气体交换加快，氧运输能力增强，这都需要较强的心血管系统和呼吸系统，因此，羽毛球运动中需要三种供能系统同时启动：磷酸原（磷酸原系统供极量强度运动6~8秒）、糖酵解（糖酵解系统供最大强度运动30~90秒，可维持2分钟）和有氧氧化供能系统（3分钟以上主要依赖有氧代谢途径）三个系统都参与供能。学生常用测试指标：肺活量、最大吸氧量等。

（三）羽毛球运动对人体的价值

羽毛球运动能够锻炼人们"眼明手快"的能力，究其原因是在比赛过程中，双方选手都需要时常观察对方挥拍的状态以及高速飞行中球的状态，当目光紧追高速飞行中的球时，眼内睫状肌会持续收缩与松弛，极大促进眼球组织血液循环，进而增强睫状肌机能，长时间运动可以增强人们视觉灵敏度与眼反应能力。这也正是羽毛球运动员比其他项目更能锻炼人的反应能力的重要原因。此外，羽毛球对人体神经系统具有良好的刺激作用，可以使大脑保持清醒状态。羽毛球爱好者在训练过程中要注意保护好自己的眼睛，提高对羽毛球的视觉敏感度。

羽毛球与篮球、网球和乒乓球相比，所需的体力只多不少，因此羽毛球比赛取胜的关键要素中，体力因素比技术因素的占比更大。每一场羽毛球比赛都会给练习者带来极大的乐趣，同时还能促进人体的平衡和新陈代谢，预防心血管病等多种疾病，达到强身健体的目的。

参加羽毛球运动时，双手和肩膀要协调配合，用尽全力去抽球，练习者每天坚持打球1小时以上，为了避免出现头重脚轻的情况，打球时肩也要活动起来，可以有效预防骨质增生、颈椎病等慢性退行性疾病，提高生活质量。

羽毛球运动员大多都精神饱满，体态敏捷，肢体勤快。在羽毛球锻炼中全身的关节骨骼都得到了很好的锻炼，采用抽吊相结合的方式，进行四方球、左右勾球等变化多端技法练习，使得形体灵活机动。在实战中能充分发挥出自己的水平和潜力。另外，羽毛球属于有氧耐力性项目，它具有速度快、力量大、爆发力强等特点，对场地要求不高，适合大众锻炼。羽毛球练习者在比赛中应开动脑筋，研究对方的打球技巧，针对性其弱点采取有效的对抗技巧，以良好的心理素质面对对手才能速战速决、赢得比赛。

三、网球运动训练

（一）网球运动基本技术

正反手击球作为网球技术的基本击球方法之一，它不仅是初学者的入门技术学习内容，同时也是大多数运动员用来得分制胜的重要方法。掌握好这项技术既可提高球速，也能在比赛中使对手处于被动地位。因此，正确地使用正手击球就显得十分重要了。正手击球一般分为准备姿势、转肩拉拍、挥拍击球以及前挥跟随等四个阶段。

截击技术也叫拦网，它是指在球还没有降落到地面时，就利用球拍拦截过网的一种击球方式，它具有突发性、威胁性及隐蔽性的特点。其作用在于能有效地使对手无法防住自己的发球，从而获得主动权。截击球是近网处的回球，也是网前技术中最重要的一种攻击性击球方法，在现代网球运动中占有非常重要的地位。桑普拉斯、贝克尔等优秀选手都曾运用过网前截击技术完善自己的网球技能体系，从而成为一名出色的选手。随着网球运动的发展，截击技术已经成为上网型运动员的"专利"，也将成为今后主要的进攻手段之一，它不仅可以提高选手的后场击球能力，而且还可以增加后场击球的机会，从而为赢得最后一分奠定基础。上网截击可以通过调整球速、减少击球距离、增大击球角度等手段以争取赛场上的主动权。

发球作为网球比赛中唯一一项由自己支配而不受对手控制的技术，不仅是作为一分的开始，而且在网球比赛的战术布置中起着相当重要作用。网球发球技术是网球基本技术中动作复杂、较难掌握的一项，好的发球对赢得比赛十分重要，很大程度上决定了比赛的胜负，世界顶尖的网球运动员无一不具备优秀的发球技术。在高速发球过程中，身体由下肢快速蹬地，髋关节、肩关节快速转动，手臂前挥等多个单一的动作模式在动力链上，逐级叠加动能，从而产生强大的末端输出动率，形成高效的末端鞭打效应，最终产生高速有力的发球速度。

（二）网球运动体能训练

网球运动员的大多数动作中，肌肉特别紧张的情况不大显著。在大学生的训练课中，力量的练习主要是为了身体的协调发展。一套力量的练习应该适应于各方面的要求。其中应该有增强手臂和肩部肌肉的练习、增强身体和腿部肌肉的练习。对网球运动员最好的"力量练习"是负有不同重物（实心球、铅球、哑铃）的练习，这些练习不仅是发展力量素质的方法，也是发展柔韧性的方法。特别适应于模仿击球动作的投掷练习（例如，类似发球动作的投掷轻铅球）。在教学中常常由于手腕力量及灵活性不够，致使掌握正确的握拍方法或是击球动作都成困难。某些女学生不能掌握近网比赛的技术，在较大程度上也是因为这个缘故。因此在最初的教学训练课中，应该注意发展手腕的力量和灵活性的练习。这种练习的基本形式是手持重物做各种手腕动作——向两侧和向前屈腕，绕环动作、绕"8"字，练习时可以利用网球拍、重的棍子、哑铃等作为重物。

视觉速度是网球运动反应的先决条件，学生不应该根据口令来进行反应，而是要根据有关动作所做出的快速反应来进行各种起跑、短距离冲刺、加速跑。在最初练习中，学生往往不能预先知道什么是"动作信号"以及他应该做出的反应动作是什么。

在长时间的网球比赛中，要保持最佳的竞技状态，始终如一地发挥出最高的竞技水平，耐力素质是关键因素，也是最后取胜的关键因素。跑步对于提高心肺功能，增强腿部力量是十分有效的，但单一的跑步练习还是不够的。在网球比赛中运动员的移动节奏是极不规律的、不定向的，有快有慢，有跑有跳有走等。因此在一般耐力训练的基础上，还需要采用多样性和综合性的练习手段，如走跑交替、变速跑、走跑跳的综合练习等。其中，可选用结合网球技术进行耐力的练习，如长时间的综合性技术练习或长时间的训练比赛等。

（三）网球运动对人体的价值

网球运动有它深刻的文化内涵，它融运动与休闲、生理与心理、交往与社交、营养与保健、娱乐与心境为一体，具有集体性、趣味性和技巧性，是一项适合不同年龄阶段和性别人群学习的有氧运动项目。网球也因此成为世界上最受欢迎的运动项目之一。网球又被称为"贵族运动""高雅运动"和"文明运动"等。随着经济的发展和人民物质水平的提高，越来越多的家庭拥有了自己的私人网球场地。网球运动在中国得到了迅速的发展，并且受到很多青少年学生的青睐。随着网球文化的传播与发展，网球运动已经成为现代社会中不可缺少的娱乐方式。

网球是一种有氧运动，既可以在户外开展，也可以在户内开展，所需场地不是很大。随着经济的发展，人们对网球运动的需求也越来越大，网球运动对提高人的身体素质起着重要作用。随着现代科学技术的进步，网球运动越来越受到世界各国人民的关注与喜爱。中国作为一个文明古国，有着丰富的体育文化传统和深厚的文化底蕴。因此，开展网球运动具有广阔的发展前景。网球运动是一种文化，更是一种价值取向。网球运动对人的生理、心理及礼仪等方面有很大的积极影响，通过网球文化的熏陶，可以改变人的思维模式、道德规范和行为准则，提高人的综合素质。

网球运动对 3~90 岁的人来说都是有益的，无论男性还是女性都能参与到这项运动中来，不受年龄和性别的限制。年轻人的身体素质比少年儿童强，而对中年人以及古稀老人来说，开展网球运动则要根据实际身体情况适度安排运动强度。一般的网球运动具有运动量小、运动强度低、可调控性强、趣味性强等特点，尤其适合于每天坚持锻炼的人群，可以达到增强体质的目的。同时，网球运动还具有隔网对垒、肢体碰撞等运动特点。网球比赛对运动员速度、耐力和爆发力等体能素质要求很高，强大的体力是取得最终胜利的关键。网球作为世界上最受欢迎的体育运动项目之一，具有很高的运动寿命。

在网球比赛中，学生们必须具备良好的团结协作精神，才能在激烈的竞争中取得优异的成绩，从而使整个运动项目产业得以健康发展。教师和学生之间要配合默契，向着共同的目标努力。一个人如果没有了团队意识，他只能成为无源之水、无根之木，只有具备了团队意识才能使自己的能力得到最大限度的发挥。因此，在团队中树立集体意识是十分重要的。尤其是网球双打比赛，搭档之间要彼此尊重、互相鼓励，互相研究对方的打法来提高默契度，在错误失分时，不能互相推诿责任，应敢于承担责任。这种协作精神会极大增强集体的凝聚力、战斗力，对大学生今后的发展具有重要意义。

第六章　田径运动科学化训练

田径运动由多个各有特色的单项构成，是一种十分流行的体育运动。田径运动对人体基本运动能力的展现十分全面，所以其使用功能十分广泛，使用价值也高，历来备受关注。为了更好地发挥田径在体育教学中的作用，本章主要内容为田径运动科学化训练，分别介绍了田径运动基本理论知识、田径运动训练理论、田径运动科学化训练。

第一节　田径运动基本理论知识

一、田径运动基本概念

田径运动主要由走、跑、跳、投等运动技能所构成，主要面向个体，很少有集体项目。田径运动在我国有着广泛的群众基础，从古代到近代的奥运会及一些重大运动会上都有它的身影，并成为各届比赛的主运动场和主要竞赛项目。在我国，田径运动分为径赛和田赛两大类。所谓径赛指的是在跑道上开展的跑步项目；而田赛，顾名思义，田径运动场中被跑道所围绕的中央或邻近的广阔空地就是"田"，在上面组织的投掷、跳跃项目统称为田赛，比如跳远、跳高、铅球、铁饼等。根据参加人数的不同，又可以把田径运动划分为数个种类，比如接力跑、马拉松跑等。径赛主要利用计时器记录时间，或者在规定时间内完成预定的路程；田赛用尺子丈量跳跃的高度、远度或投送器械的距离。另外，田径运动也包括田径全能运动（简称全能运动）。全能运动由多个跑、跳、投等项目组合而成，根据各单项成绩在国际统一"全能评分表"上找出分数，并根据分数之和来进行竞赛排名。我国的田径运动一词是从英文 Track and Field 翻译过来的，Track 汉意是"小径"，Field 汉意是"田地"，合称"田径"。

二、田径运动的特点与功能

（一）特点

田径运动作为一种力量和速度相结合的运动，其自身就具有观赏性与竞技性，能够使人充分享受到比赛所带来的乐趣。随着社会经济的快速发展和人民物质水平的提高，人们对体育运动产生了更高的需求，田径作为一种健身娱乐手段具有广泛的群众基础，并被广泛地纳入各种体育竞赛中。高水平的田径比赛不仅能够丰富人们的精神文化、缓解人们的精神压力，还能加快人们的生活节奏，提高人们参与竞技运动的积极性和主动性，促进人们的身心健康发展。

（二）功能

走、跑、跳、投健身运动是最完美的有氧运动，简便易行，在任何时间，任何地点都可以进行，运动量可以自己控制，适合多年龄层次。走跑健身运动也是唯一能终生坚持的锻炼手段。走、跑、跳、投是全身运动，不仅是"腿"和"脚"，70%以上的肌肉都能得到运动，并使所有器官组织都能够活跃起来。

维持生命需要热量。我们每天所需要的热量，依个人的生活环境，一天的运动量，工作，身高，体重和年龄等因素有所不同。热量是经口摄取的食物、饮料通过消化器官被体内吸收而产生的。吸收的热量随着血液循环运送到全身积存在肌肉或肝脏中，其中有一部分，为了应付饥饿状态而蓄积在脂肪细胞内。当摄取的热量超出消耗热量时，多余的热量就会蓄积在脂肪细胞内，使脂肪细胞变大，从而造成肥胖。肥胖使身体内赘肉过多，破坏身体的曲线，影响形体美，更重要的是会危及健康。要减肥必须做到两点：一是摄取的热量和消耗的热量平衡，也就是收入和支出平衡；二是要有适量的有氧运动，消耗更多热量。运动时，热量源供能方式有两种：糖类供能（又称无氧供能）、脂肪供能（又称有氧供能）。糖类供能的特点是一次产生较高的热量，但量不多，供能时间短，无须氧气。糖类供能是高强度运动的主要供能方式，适用短跑、举重等运动项目。脂肪供能的特点是一次不会产生较高的热量，但量多，供能时间长，要有充足氧气。脂肪供能是耐力运动的主要供能方式，适用于走跑、健美操等运动项目。两种供能方式紧密相连不可分割。运动开始时由糖类供能，10分钟之后，脂肪开始燃烧，由脂肪供能。走跑健身运动是一项有氧运动，持续较长时间走跑，就能使脂肪燃烧，消耗掉多余脂肪，从而走跑出健美的形体。

　　人们都渴望健康、长寿、青春常驻。自古至今，延年益寿是人类永恒不变的追求，几千年来人们一直在锲而不舍地寻找健康长寿之谜，然而衰老与死亡依然是不可抗拒的自然规律。近年国外对"衰老与免疫"问题进行了广泛而深入的研究。衰老和免疫力降低是相互关联的，免疫系统是人体最重要的器官之一，人的一生中都在不断地与疾病做斗争，因此要想健康长寿，就必须增强自身的免疫系统。运动可以改善人类体内环境，增强人体免疫能力。近年来，国内外许多学者对跑步、跳远等体育运动进行了大量的研究，结果发现它们均有不同程度的抗衰老作用。若要达到延缓衰老、延长寿命的作用，就必须掌握好适度的运动强度与时间，视走跑跳投为娱乐活动。因此，长期坚持体育锻炼，可使人体处于最佳的生理状态，有利于增强体质，从而达到预防疾病、延长寿命的目的。另外研究也证实了在人体各个部位当中，首先衰老的就是腿。随着现代科技的发展，人们越来越多地参与到健身运动中来，这对预防和延缓身体老化具有重要意义。

　　田径健身运动对提高人体自我运动能力和健全人格有积极作用，有利于促进人格多元化发展。心理学研究表明：每个人都有自己独特的个性与心理特征。这种特征往往通过他们所从事的体育运动体现出来。而田径运动是一种有利于培养和提高人的健康心理水平的手段。田径健身活动还可以消除人们的自卑感，提高人们的社会适应能力。在进行走、跑、跳、投等多项健身练习时，练习者或多或少都要完成协调动作。重复练习可以使练习者准确掌控身体本身的感受，加强其对空间与时间顺序的感知，这要求练习者不仅能够准确地感知与判断外界物体，而且能够快速协调的完成复杂多变的对应动作，以构建完整而正确的动作表象。田径健身锻炼能够增强人的感知能力，改善大脑皮层的神经功能，调节中枢神经的兴奋与抑制状态，保持大脑皮层神经过程的均衡性和灵活性，提高大脑皮层的判断分析能力。通过田径健身运动可以培养人坚强的意志品质，增强人的自信心和进取心；有利于调节人的情绪状态，增进身心健康；能够使人际关系和谐融洽。

　　田径健身运动对适宜人群没有局限性，田径健身运动本身所具有的特性决定其在强身健体的同时还能培养人们良好的心理品质。总之，田径健身运动项目的可操作性强，健身价值也非常大。

第二节 田径运动训练理论

一、田径训练基本概述

（一）田径运动训练体系

田径运动训练随着运动水平和现代科技实力的不断提升，变得越来越科学、系统和规律。无论是教练人员、教师的训练内容和工作，还是训练场地、设备等都在此影响下要求也逐渐变高。这些都在田径运动训练工作中占有极其重要的地位，同时还是非常重要的组成部分。

田径运动训练和以前相比变得更加规范化、科学化和系统化，从而形成了更加完整的重要部分，无可替代。因此，在完善训练系统的过程当中，需要充分按照实际情况进行调整和改革。田径运动的教练和教师都应该十分熟练掌握和运用该训练系统。同时，无论是改变自身的教学方式还是教学模式，都应该按照该系统来进行，使田径运动的教学变得更加科学化和规范化。

田径运动和其他运动项目相比着有着很大的区别，它主要是由多个不相同的运动项目组成的。从训练的针对性来看，可以将田径运动项目划分为速度型、快速力量型、耐力型三种类型。其中，速度型田径项目的特点就是某一特定发力阶段做出高频率的动作，如百米短跑等；快速力量型田径项目的主要特点就是在很短的时间内爆发用力，如跳跃等；耐力型田径项目的主要特点就是持续时间较长，并且中间没有间断，如竞走等。

相对于其他体育运动项目，田径具有不变的单一的动作结构和模式，因此，在锻炼过程中，田径运动不会受到比赛外界因素的影响，具有一定的稳定性特征。尽管地面结构因季节气候的关系会出现某些变化，但最终不会影响其根本。

除了具有多样性的特征之外，田径运动项目的成绩对运动员能力训练和身体发展这两方面的依赖性又存在着质的区别。身体素质能力与技能水平是提高运动成绩的基本，而运动成绩是决定两者间是否协调配合的关键。

（二）田径运动训练计划

早期发展田径训练的一种主要方式就是对某一运动做专门的训练。田径运动能力和水平虽然通过田径训练可以得到快速的提升，但是想要将田径成绩记录打破，必须要从众多的儿童和青少年当中选择非常优秀的人才，然后再根据实际情况制订之后多年的发展训练计划。需要注意的是发展训练应该有以下四个方面：其一，应该制订每一年的训练任务和训练目的；其二，全面认识和了解筛选运动员的具体情况；其三，调整和修改运动员训练内容和训练方式的时候应该充分按照其年龄和特征来进行；其四，每一年均需要制订专门的运动负荷与训练的具体要求。

技能水平的提高、身体素质的增强等众多方面都属于运动员全年训练必须完成的任务。为了能够充分确保运动员全年训练任务有计划、顺利地完成，教师要将学生的全年训练任务划分为几个时期，同时划分时期的时候需要对运动员进行全面综合的考虑，如运动员的水平、竞赛要求等。全年训练计划过程主要可以分为三个训练周期：一是单周单周期训练，二是双周期训练，三是多周期训练。随着田径运动不断发展，经过相关部门研究发现，处于现代时代的众多优秀运动员都需要经历一定时间的准备过程，田径员只有这样才可以使竞技水平有一个很大的提升。

就当前来看，全面训练经常用到的安排方式之一就是双周期训练。田径运动随着现代科技水平的发展也在加快发展，高水平竞技也变得越来越多，因此多周期训练也在此影响下逐渐增多，同时运动员除了准备周期变少之外，专项训练时间和竞赛周期都变多、变长了。单周期训练和双周期训练分别将全年训练划分为三个阶段、五个阶段，其中前者为准备期、竞赛期与过渡期，后者为准备期、两个竞赛期和过渡期。运动员的准备期训练对其未来竞技状态是否稳定有着决定性的作用，主要原因在于高水平运动员，无论是在身体素质方面，还是在形态等众多方面和其他人相比都比较完善，如果想要有质变就需要量的刺激。教练员在制订年度训练计划的过程当中，要使竞赛期与准备期存保持一定的联系，即便是在比赛期间，运动员也不可以中断身体的训练，只有这样才可以取得比较好的成绩。同时，全面训练分期计划也应按照当地实际的环境条件和季节气候做出适当的调整和改变。

相对年训练计划，周训练计划会更加具体、更加详细。周训练计划的制订主要是根据训练的内容、任务、强度、时期等方面进行的。在所有训练计划中，周训练计划具有承上启下的功能，而且是完成全面和多年训练计划任务及目标的重要步骤，不能缺少。除此之外，周训练计划在制订的时候，一定要与季节阶段或某个训练期的周训练计划相结合，反映出两者间连接性和完整性的特点。周训练计划中要以合理的顺序安排训练内容及其运动量和强度的节奏。

二、田径训练主要原则

（一）专项训练原则

教师无论是在选择专项训练符合方式，还是选择专项训练模式和内容的过程当中，均应按照快速提高运动员的成绩以及竞技能力的实际需求来选择，通常情况我们将其称为专项训练原则。除此之外，还包括部分间接促进运动员专项能力发展的运动方式、模式和内容。

体能、素质和形态是体质的三个重要因素，技术与战术是技能的两个重要因素。体质、技能、心理和智力都可以对运动员竞技水平和能力产生重要的影响，只有从这四个方面入手才可以快速提高运动员的竞技水平和竞技能力。

教师为了对学生训练的模式、方式和内容进行更好地确定，需要正确、科学、合理的分析所负责运动项目竞技水平和能力中每个影响因素的特殊要求。例如，专门负责跨栏训练的教练，在训练运动员的时候需要具有针对性，所以需要正确、科学、合理的分析跨栏项目竞技水平能力的决定因素。从速度和路程的角度来看，跨栏跑属于短距离的范畴；从跨栏跑的技术特征来看，栏杆的距离和高度会对跨栏产生影响。由此，我们可以看出来，跨栏项目和短跑项目相比对运动员的要求会更高，如跳跃力、灵活性等，同时在心理方面对运动员也有着不低的要求，如机智、果断等。

无论是从训练的专项角度看，还是从训练的内容层面看，都可以分为专项训练和一般训练两大类。其中，两者之间有着非常紧密的联系，前者是在后者的基础上进行的，而后者是前者的前提条件，然后通过专项训练展现学生的运动能力，这就是梯次关系。大多数情况下，一般训练是训练内容最多和最广泛的，它主要包括三个方面的内容：一是运动素质，二是动作技能，三是心理素质，不仅可以快速促进和提升运动员的全面发展，还可以使人的形态得到快速的改变。

（二）适宜负荷原则

所谓的适宜负荷原则，是根据学生提高成绩和现实的需求来制订相应的训练负荷，进而达到预期的效果。比如，教师想让学生刷新该项目的记录，通过各种分析和研究，发现想要实现这个目标，就要增加训练负荷。而这一目标是否可以真的实现，一定先考虑到运动员能不能接受这种高负荷的训练，另外，还要按照提高运动成绩的需求。适宜负荷是一种不仅可以有效提高成绩，还能使学生不产生过度疲劳的负荷。在训练过程中，学生所承受的生理负荷就是负荷。从生物学的角度进行分析发现学生生理机能会因为负荷产生的运动刺激而发生一定的改变，同时学生全面发展也是在这种变化的作用下进行的。所以，运动成绩可以通过训练的方式得到提高是一个客观的事实。人体机能发生改变的根本原因就是负荷，然而人体可以承受的负荷具有一定的范围，假如没有限制，那么人体会因超量的负荷受到伤害。根据相关调查研究发现，人们在一般情况下最多能够将自己70%的体能发挥出来，但是在训练阶段或处于危急情况的时候，人们能够发挥出90%左右，而剩下的体能是个体自动保护机制。但某些化学药剂的出现，如兴奋剂，就能够让人们发挥出95%或以上的体能。假如真的这样没有限制地开发学生的体能，会引起其机体功能衰竭，甚至严重时会危及生命。所以，人体可承受负荷的范围限制实际上是一种保护自身机能的重要机制。不管是通过哪种手段或方式，只要超出人体可承受负荷范围都会对自身体能产生严重危害。

（三）系统训练原则

系统性的原则主要指的是在规定的时间当中采取科学、循序渐进、有规律的训练原则。当前，我国实行的多级训练体系，从某种程度而言是将每个训练机制巧妙地结合在一起。同时，为了完善这一综合训练体系，能通过以下两种方式来处理：其一，给予相关管理、制度和体质相应的保证；其二，注意学生每一阶段训练和综合训练两者之间的有机衔接。正确、科学、合理的训练动机，可以充分调动学生训练的主动性和积极性，产生训练的动机。因此，为了能够促使学生更好地训练以及快速提升竞技能力和竞技水平，非常有必要建立正确、科学、合理的训练动机。专项训练的内容正常情况下均是按照学生训练的相关需求来安排的。学生通过一般身体训练，可以快速提高、增强身体的承受能力和素质。在学生训练期间为了减少发生疾病与创伤，需要依据系统训练的原则来进行，安全、合理地使用各种运动设备，并且在治疗的过程当中积极配合医生的治疗，学习各种运动保健知识与技能，同时在掌握以后做到灵活的运用。

第三节 田径运动科学化训练

一、田径训练理论知识

（一）选材理论

选材理论主要有两部分构成，一是科学原理，二是科学方法。其中，科学原理除了考虑人体的相关遗传因素之外，还灵活运用了人体遗传学基本理论阐述运动才能和遗传因素的关系。科学方法涉及的内容有很多，其中个体因素、遗传因素等都是应该要考虑的。

（二）专门理论

专门理论主要是指学生在运动训练活动的过程当中，无论是训练的任务和方法，还是训练的目标和负荷，都应该以专项竞赛为核心，并充分围绕着它来展开，出发点和落脚点都是专门化的竞赛。通常情况下，专门理论主要由两点组成：其一是专门研究相关项目的竞赛特性、制胜系统与因素的制胜规律原理；其二是专门研究制胜规律的项群训练理论。

（三）周期理论

竞技状态的周期理论研究对象主要有发展规律、构成因素等。竞技状态的发展阶段有初步形成、提高与保持和暂时消失等；竞技状态的构成因素不仅包括相对稳定因素，还包括部分不稳定的因素，其中前者有运动员的机能、形态等，后者有运动员的精神、思想状态等；竞技状态的调控需要充分考虑运动员训练时间的长短和相关训练因素，并且还要考虑个体因素，同时调控方式的具体采用需要从学生实际的训练任务出发。

（四）负荷理论

所谓的负荷理论，就是对其相关理论及方法进行阐述和说明，比如定义、特点、分类、调节、作用等。负荷种类比较多，比如负荷量、负荷强度、相对负荷，比赛、训练、健身和教学负荷；负荷的特性主要包括负荷选择性、目的性、定量性、极限性、个体性、实战性、延缓性和综合性；负荷的安排主要包括阶梯形、渐进型、波浪形和跳跃型等方法；负荷的调控要充分考虑到各种不同的因素，有相对稳定、同升同降、一升一稳定等方法。

（五）恢复理论

恢复理论主要对运动中能量代谢过程和恢复过程、恢复以及超量恢复的原理、方法和手段以及相关的运动性疲劳的症状与诊断进行了说明阐述。运动中能量代谢和恢复过程依据的主要是生理生化过程，主要研究的是运动中器官与系统工作和恢复的特点规律。恢复与超量恢复阐述了运动中恢复的机制、恢复的特点以及恢复的基本规律；恢复的手段和方法涉及生物学、训练学、心理学、医学和物理学等多个方面的学科知识；运动性疲劳的诊断方法阐述了定性经验诊断方法和定量科学诊断方法。

二、现存问题

（一）训练理念落后

众所周知，我国作为体育大国，在体育竞技当中有着非常强烈的竞争精神和精英精神。我国的高校田径运动训练在这些思想的影响下，无论是教练还是学生，都产生了非常强烈的相互竞争意识。高校在这一系列理念的影响下普遍存在的问题是田径训练的强度非常大，并且次数过于频繁。除此之外，还存在的问题是重视内容，轻视理念，这些对学生的训练效果也会产生一定的影响。

（二）训练目标不明确

我国高校田径运动训练的关键和主要问题就是没有明确的训练目标，原因在于培养目标的定位不准确。在教育体制改革的深入影响下，新教学大纲在很多方面都发生了变化，如指导思想，训练目标等，这些使得高校训练目标和实际应用完全不相同，最终使学生产生大量练习田径运动无作用的感觉和体验。

（三）训练内容单一

当前，我国高校教练的专业水平从总体来说水平不高，在田径运动训练方面没有丰富的经验，没有办法真正的利用自身所具有的专业知识进行训练，因此依旧会出现部分教练在训练过程当中依靠田径教材的情况，对田径训练的竞争性和技术性非常的关注，同时面对田径运动训练与身心健康这两个方面的时候，没有明确两者之间的关系，忽视了技术和技能两者之间的差别。运动技能虽然对于高校学生来说是必要的，但是由于在教材当中无论是技术实践还是相关理论知识内容都非常的多，没有对学生的综合素质和基本运动能力有过多的关注和强调，同时也因为较短的田径运动训练时间，所以就使得学生在实际训练的训练过程当中无法达到较好的训练效果。

（四）训练方法单调

训练方法单调是我国高校田径运动训练时存在的主要问题，一方面没有对学生的个体差异进全面充分的考虑，另一方面也无法激发和调动学生学习的强烈兴趣。随着时代的进步和科技的发展，虽然教育事业在此影响下得到了进一步的发展，但是依旧有很多高校教练在田径运动训练的过程当中采用示范和重复练习的传统方法，没有考虑和尊重学生个体之间的差异，使得学生处于被动练习的状态，最终既无法调动、激发学生学习的主动性和积极性，也无法快速提高学生的训练质量和效果。除此之外，部分高校无论是训练条件，还是教师的专业水平和能力都非常的有限，在田径运动训练的过程中无法科学、合理的运用现代化教学手段。

（五）学生缺乏兴趣

田径运动的项目虽然有很多，但我国部分高校开展的田径运动训练项目依旧不多，无法将学生学习的兴趣真正激发和调动起来。长跑、短跑等田径项目是我国大多数高校最主要的训练内容，学生训练项目比较单一，学生很容易失去学习的兴趣。同时，完成教育部门制定的一系列重要指标是部分高校开展田径运动训练的主要目的，因此会对学生采取硬性考试的措施，这在一定程度上使部分身体素质不好的学生失去了学习的兴趣和爱好。

三、科学化训练策略

（一）树立科学的训练理念，制定科学的训练目标

树立科学、合理的训练理念以及为学生制定科学、合理的训练目标，从某种程度而言是高校进一步实现田径运动科学化训练的重要前提。一方面，高校不仅要认识到科学化田径运动训练的作用，树立的训练理念也要科学化与合理化，还要努力认识到开展和组织田径运动训练的关键目的，那就是使学生的身体素质得到全方位的提高，以及在身心方面得到快速的发展。另一方面，不断提升学生在运动和竞技方面的水平。高校在开展田径运动训练的时候要积极树立以全面提高学生健康水平为主的理念，同时努力增强学生健康、竞争和精英的意识。除此之外，制定的训练目标也要科学、合理，第一目标制定为全面增强学生体质，以及培养学生良好的品质；第二目标制定为让学生掌握和了解最基本的田径运动能力；第三目标制定为不断提升学生在田径运动方面的水平和能力，以及积极培养学生在相互竞争方面的意识。教练在之后的训练过程当中给予学生正确的指导和帮助，让学生逐步实现制定的各个目标。

（二）加大宣传力度

众所周知，田径运动有着非常强的全能性和综合性，大部分的运动项目均需要以田径运动作为重要的基础和前提。田径运动既有促进学生新陈代谢的作用，又有改善学生器官功能的重要作用，因此高校应该积极开展各种田径运动项目，将田径运动的重要作用全面发挥出来。高校需要通过各种方式加大对田径运动的宣传力度，使学生对田径运动有更多的认识和了解，并且成功意识到田径运动在锻炼方面的重要价值和意义，将更多学生的积极性和主动性激发出来，让更多的学生参与到各种不同形式的田径运动训练中去，最终使学生的运动水平和运动能力得到全面的提升。

（三）丰富训练内容

高校在田径运动训练的过程当中应紧随时代潮流的步伐，不断丰富训练内容，充分激发和调动学生主动学习的兴趣。因为田径运动训练项目比较多，仅项目就有 40 种，所以高校在开展田径运动训练之前，需要对各种田径项目有比较全面

的认识和了解，并且在田径运动训练的过程中科学、合理的将其融入其中。一是，将各方面的知识，如运动文化、运动心理等科学融入训练的过程当中；二是，田径运动无论是在力量方面还是在速度方面都有着较高的要求，因此高校在田径运动训练的过程中需要针对速度和力量进行专门的训练，使学生的绝对与相对力量得到一定的提升，以及在速度方面也得到加快；三是，高校在增加训练项目的时候要充分按照学生的喜好来进行。目前，大部分高校始终都有的训练项目是长跑、短跑等，非常单一，无法将学生的兴趣充分激发和调动起来，因此高校需要增加竞走、铁饼等可以引起学生兴趣的新颖训练项目，同时除了增强田径运动训练的专业化，还进一步增强其科学化。

（四）制订合理的训练计划

众所周知，制订科学、合理的训练计划对快速提高学生训练质量和效果是十分有利的，所以高校教练应该在对学生开展田径运动训练之前，按照学生之间的个体化差异，制订科学、合理的训练计划。一方面，教练在制订学生训练计划的时候应该充分按照训练的目标和大纲来制订，并且让通过科学有效的训练最终达到制定的训练目标。另一方面，制订训练计划的时候不仅要考虑学生的身体素质，还要综合考虑天气情况。同时，按照学生身体素质制订相关的训练计划，既要明确学生的训练量和训练强度，又要最大限度地避免学生过度训练，减少学生受伤的概率。

（五）创新训练方法

学生田径运动训练的时间是非常有限的，因此教练应紧随潮流步伐积极创新训练方法，从而快速提高学生训练的效率和质量。一是，教练在对学生开展各种田径运动训练的时候应该坚持多种原则，如直观原则、动机激励原则等。二是，田径运动训的方法和手段多种多样，教练应该在综合考虑之后选择科学、合理的训练方法和手段，通过更加实用、有效的训练方法和手段，使学生对田径运动实质有全面的认识、掌握和了解。三是，通过积极借鉴和参考其他运动的训练方法和手段，教练对田径运动训练的方法和手段进行科学的创新，同时也能把各个不相同领域，如心理学、运动学等当中的方法应用在学生的田径运动训练过程中，使田径运动训练的方法得到进一步的优化。

　　高校想要快速、有效提高学生在田径方面的水平和能力，必须在学生训练的过程当中采用更加科学化、合理化的田径运动训练方式，因此需要对当前高校田径运动训练中存在的各种问题及时、合理地加以明确。高校应充分依据存在的各种问题，进一步制订更加科学化、合理化的田径运动训练方案，同时更新训练理念，不断加大田径运动的宣传力度，优化、创新训练的内容和方法，最终快速提升学生田径运动训练在科学化方面的水平和能力。

第七章 传统与时尚体育运动科学化训练

体育项目可根据其历史溯源和兴起时期划分为传统体育与时尚体育，这二者都是现代体育教学创新发展离不开的方向与内容。我国民族传统体育有着悠久的历史，其特点鲜明、价值独特；而时尚体育因其新颖且刺激的特点，往往被社会中特定的人群所喜爱。本章将主要介绍武术运动科学化训练、搏击运动科学化训练、街舞运动科学化训练、形体科学化训练四个方面。

第一节 武术运动科学化训练

一、基础理论

（一）概述

中华文明上下五千年，其中中国武术不仅有着十分悠久的历史，还是我国民族传统体育的重要组成部分，在民族传统体育中占有十分重要的地位。武术有着非常广泛的群众基础，男女老少皆可练习，从某种意义上来说是我国极为宝贵的文化遗产之一，它是中华民族在长时间生活和相互斗争的实践过程中积累与发展起来的。武术项目无论是在内容上，还是在运动形式上，都极为丰富、多种多样，风格和其他运动风格相比也十分的独特，与众不同；同时有着很多功能，如竞技比赛、强身健体等，作为我国优秀的传统体育项目之一，除了有着十分广泛的重要社会价值之外，也有着极为独特的民族文化特色。

实际上，武术一开始是作为军事训练手段的，和古代的军事斗争有着非常紧密的联系，尤其是在技击方面的特性极为明显。武术在实战中的最终目的就是杀伤和有效限制对方，通过最简单、有效的技击方法迫使对方失去抵抗的能力，目前这些技击术在公安和军队当中依旧被运用。武术作为我国民族传统体育运动项目之一，在技术方面不仅有着攻防技击的独特特性，还巧妙地把技击融合在搏斗和套路运动当中，因此搏斗运动也将武术攻防格斗的独特特点展现出来，在技术方面基本上也和实用技击保持一致。从体育层面来看，武术会在一定程度上面受到竞赛规则的制约，原则就是不伤害对方，如在散手中限制了部分比较传统的实用技击方法，既严格规定了击打部分，又对保护护具进行了严格的规定。综上所述，武术的搏斗运动虽然在攻防技击性方面非常强劲，但是又和实用技击存在着一定的差别。

在武术当中，套路运动作为独特的表现形式之一，虽然在很多方面，如技术规格、运动幅度等和技击原型动作相比其他形式有所不同，但是套路运动的动作方法依旧留有技击的独特特性，就整套技术来看有踢、击、打等主要动作，是套路的重要技术核心。套路运动主要是通过一招一式将攻防技击特性展现出来的，技击方法多种多样，并且在散手和短兵当中不适合运用的技术方法，也在套路运动当中有所展现。

通过上述内容，我们已经了解武术的内容和练习形式都极为丰富，多种多样，具体的有竞技对抗性方面的散手、推手等，适合男女老少演练的各种不相同拳术、器械等，以及与其相对应的各种练功方法和技巧。拳种与器械无论是在动作结构、技术要求，还是运动风格、运动量上都有很大的区别，适用不同年龄段、不同性别以及不同体质的各种需求，人们在练习的时候可以充分按照自身的条件与兴趣爱好来选择。除此之外，武术在场地和器材需求方面也没有太高的要求，练习者在练习的时候能按照场地的大小来变换练习内容和练习方式，即使没有器械也能徒手练习，并且也基本不会受到时间和季节的限制。由此，武术和其他体育运动项目相比较有着更加广泛的适应性，在我国有着群众基础的民间中经久不衰，从某种意义看这也和武术的这一独特特点有着紧密关系，因此有效利用武术这一特点能够为现代群众性体育活动创造有利条件，以及提供方便，从而让武术更加的社会化。

（二）训练原则

1. 内外兼顾

内外兼顾原则指在运动训练中，运动员要着重强调、关注外形动作的具体表现和内在气质结合的独特特点，从而成功实现神形兼具、内外统一的最终训练目的。武术是一种特殊的体育运动,具有鲜明的"内外合一"的特点,不仅强调手、眼、身、步等外在形体活动,也注重精神、心志、意向等内在的心智活动和气息的运行。通过武术动作的表现,反映武术的劲力意识、攻守意识、运动节奏和风骨神韵,内与外,形与神是相互联系的统一整体。无论武术动作姿势做得如何工整端直,但只求"形似"还不能称之为真正的武术。因此,在训练时要注重外在形与内在神的统一,做到两者兼顾。

2. 突出风格

从运动角度看,武术实际上是隐含刀的勇猛泼辣、剑的轻快潇洒等艺术特点的体育运动之一,各种不相同的运动项目均有着与其相对应的显著风格特点。阳刚和阴柔之美均应该将风格体现出来,除了给人留有鲜明的印象外,还要有非常强烈的艺术感染力。

运动员在武术学习的过程当中要将不相同武术项目的独特风格特点充分展现出来,同时还要从自身的个体特征出发。每一位运动员都是独立的个体,因此在很多方面都有区别,如身体形态、训练水平等,运动员在练习的时候套路风格要和自身风格结合在一起,按照自身的特点确定最终的套路动作,从而将个性魅力充分彰显出来,如在弹跳力和灵活性方面具有较强优势的,要通过跳跃和技巧性动作将该优势展现出来。通过上述内容,可以看出来武术动作的演练需要和运动员的技术特长充分结合在一起,以便于将优势进一步发挥出来,避开短处,最终形成独属于个人的独特技术风格。

3. 系统不间断性

系统的不间断性原则是指,训练全过程从初期训练到出现优异运动成绩,直至运动寿命的终结,都应按照一定的顺序持续地进行训练。

武术的技术有其本身的内在联系和各自的体系,技术水平的提高不是一朝一夕就能完成的,而是逐渐由低到高的渐进积累的过程。运动员掌握的技术实质上是暂时性神经联系的建立,是条件反射、动力定型的形成,训练中断就会使建立起的暂时性神经联系逐步减弱中断,条件反射消退,已掌握了的技术、战术就会生疏,以致产生各种错误。只有通过系统、持续地训练,运动员的训练水平,才能逐渐得到提高和巩固。因此,贯彻系统的不间断性原则,是提高运动员竞技能力和获得优异成绩的保证。

二、训练策略

（一）做好专项身体素质强化

每一位学生都是独立的，因此身体的特征、技能优势和弊端都是不同的，有的学生虽然在爆发力方面非常强劲，但是没有足够的耐力，有的运动员虽然有着极为理想的肌肉发育状态，但是在柔韧性方面却比较不足。在实战当中若学生自身弊端无法得到有效弥补，就会有非常明显的短板，当相互竞争的对手发现的时候，学生就极易失利。随着时代的发展和体育事业的进步，在此影响下有更多新规则落到实处，竞技赛事也不断增多，这些都在一定程度上面提高了对武术运动员身体素质的要求，简单来说就是身体素质要更加的全面，并且在此基础上要制定更加科学、合理、有针对性的训练方案，专门针对学生的短板进行有效训练，充分弥补短板不足的同时将自身优势进一步发挥出来，只有这样才可以在竞技比赛当中有更多、更多的概率赢得比赛。为了能够有效帮助学生制订更加科学的专项化身体素质强化方案，应该对学生身体的基础情况做全方位的调查，并且最终方案按照对运动员调查的实际情况制定，只有这样才可以使运动员在训练的过程中更加具有针对性。需要注意的是，应该充分按照运动员所学项目的不同，制订的训练方案也应该是不相同的情况进行，原因在于不同的项目有不同的技术要求，因此需要专门制订对其相对应的训练方案，只有这样才可以进一步满足运动员各种不同的训练需求。

（二）合理规划运动难度、保证动作质量

根据武术新规则下的评分标准来看，动作质量在整体分值当中占据 5 分，虽然分值的占比不高，但是依然决定着运动员在竞技当中的胜负，即便是一分之差，都可能使运动员与胜利失之交臂。当前的新规则对于动作规格与必有动作等提出了明确要求，所以运动员要提升自身在竞赛当中的得胜概率，必须要根据不同动作的难度分级去采取不同的练习方案。但是不可纯粹追求难度，同时要保证动作衔接的流畅度，以保证实战作用为前提去挑战难度动作。

（三）注重套路编排

武术训练的重要基础就是套路编排，所有的拳法、剑法和刀法从某种意义来

看与一套体操相似，无论是从起势还是到收势，均需要一套完整的流畅动作。教师训练的过程的当中为了让学生更快地了解和掌握整体流程，需要充分按照学生的身体情况，如素质基础、特点等做一套完整的套路动作编排。因此，选择的套路动作应该最大限度和学生的实战需求相符合，并且将学生的个人优势进一步发挥出来，有效弥补在短板方面的缺陷，只有这样才可以让学生学得更快、更好，并且在竞技比赛中有更好的状态。

（四）套路内容勇于创新

传统的武术拳法、刀法等虽然有了比较特定的套路，但考虑使用者的不相同，应该积极对武术套路进行创新。实际上，快速推动和促进武术发展，以及研发全新武术套路的重要基本思想就是创新，拥有新颖的创新意识，才可以真正使武术套路的设计更加具有针对性。与此同时，在研发全新武术套路的过程当中要进行全面的考虑，不仅要对实战和观赏的价值进行思考，还要考虑是否和运动员相匹配等，有效确保武术套路设计和运动员风格相符合，并且适合竞技比赛，同时可以兼具攻击性和美感。

（五）加强武术训练与科研的合作

武术套路的研究从另一层面来看和学术研究相同，需要对以前的武术经验进行有效、科学的总结，以及对各种不相同武术招式的特点进行深入的分析，并且在此基础上面大胆的创新，如拳法和刀法的结合等，只有这样才可以使得全新武术套路的观赏性和实用性得到一定的保障。随着时代的发展和科技的进步，在此影响下我们已经处于信息化时代，在此发展趋势下对武术套路开展深入研究的过程当中，可结合摄像系统、动作捕捉系统等各种先进的科学技术去进一步提升研究的效率和质量。例如，通过摄像系统去记录学生训练过程中的影像；通过动作捕捉系统精准记录和分析学生在训练过程中的动作，如踢腿的高度、挥拳的速度等，这样一方面可以快速找出学生在训练过程中套路动作存在的各种问题，另一方面也可以在指导学生武术套路动作的时候采取更加具有针对性的强化方案。综上所述，教师在信息化时代，要紧随时代潮流积极利用各种信息化的先进设备和技术，将武术研究的精细化巨大优势充分展现出来，注重和强调每一个细节，从细节出发，并且将针对性充分体现出来，使每一位优秀的学生均有专属自身、直观的武术动作套路，学生只有充分按照直观、正确的武术动作指导去完成训练，才可以学得更好、更快。

武术的科学化训练，是我国普及体育教育改革的重要一步，武术套路需要在传承的同时得到创新，体现出针对性，才能满足运动员的不同训练需求，培养更多素质优秀的武术运动员。以上针对武术套路运动的现状以及训练策略展开了总结，希望能够通过讨论共同促进武术训练改革，达成培育更多中华武术人才的目标。

第二节　搏击运动科学化训练

一、基础理论

（一）概述

搏击术指的是人和人之间相搏相击的技术，既是有效制止犯罪和防身抗暴的手段，也是修身养性的手段之一，同时搏击术作为体育运动竞技比赛之一，可以极大地丰富群众的生活，也是群众生活的重要组成部分。当前，搏击术的种类有很多，并且均有着各自不同的民族风格和特点，其中散打、剑道、拳击等项目是目前影响范围最广、实用性最强以及最流行的搏击术。无论是技术动作，还是攻防理论与练习方法均丰富多彩，多种多样，作为重要的文化遗产，是全世界各国人民在长时间生活和相互斗争当中逐渐积累发展起来的，同时也是全世界各个国家军队、公安等必须具备的专门技能之一。

徒手搏击术中人体的各个部位均能成为攻击对方的武器，其中近可以用头部、肩膀等，远可以用拳、腿部等。徒手搏击的方法有很多，主要包括踢、打、摔、拿等。器械搏击和徒手搏击之间的差距就是前者借助器械后者则通过身体。器械搏击的种类同样也很丰富，并且各种不同器械对应的使用方法也各不相同，每一种器械都有着独属于自身的特色，器械搏击主要包括四大类，一是短兵器；二是长兵器；三是软兵器；四是暗器。

搏击技术水平的高和低实际上身体素质、技术招法、战略战术以及心理意识这四个方面结合的综合反映，主要通过实践能力进行相互的比较，以及通过相互对搏的效果来进行最终的评价。一方面，不仅对培养体能、锻炼意志有着重要作用和意义，对于防身抗暴和强身健体同样也有着重要的现实意义和作用。另一方面，还有着多方面的社会功能，如为国争光、广泛宣传和传播精神文明等。

通过上述内容我们已经知道搏击术是人和人之间相互搏击的技术，同时它也对练习者有着众多的要求，一是明确学习搏击术的最终目的；二是积极培养和树立良好、正确的道德风尚；三是严格遵守纪律和法规；四是见义勇为。训练者在训练的过程当中要严格遵守与其相关的运动训练基本规律，始终坚实和贯彻"少而精"的重要原则，按照一定顺序和步骤由浅入深，循序渐进，不可半途而废，要持之以恒，不怕辛苦，更加勤奋的学习和练习，做到精益求精，并且要积极做好运动损伤的各种预防措施，不断加强身体素质训练，从而可以在长期坚持中逐渐拥有强健的体魄，更加精湛的搏击技术，以及灵活多变的战略战术，最终在各种搏击竞技比赛当中始终立于不败之地。

（二）分类与特点

当前，世界上流行和影响范围广，以及实用性强的搏击术有很多，主要有散手、短兵、截拳道、拳击、剑道、跆拳道、泰拳、摔跤等项目。

（1）散手（也称作散打、搏击或打擂）作为我国武术的一种运动形式，是两人严格遵照相关规则进行的徒手格斗，主要通过各种不同的技击方法，如踢、打等击中对方有效部位的得分，或者按照相应规则直接击倒对方来断定最终的胜负。手和脚共同使用，招法众多，以及根据实际情况随机应变，动作敏捷、迅速等是散打的主要特点，同时也是"中国功夫"的重要典型代表。

（2）刀、剑、鞭等各种短兵器的统称就是短兵，事实上是通过藤条裹上海绵，并且外包皮制成的短器械。在严格遵照相关规则的前提下，运动员比赛或者练习的过程当中通过各种不同的技法，如刺、点、砍等击中对方有效部位或者直接击倒对方为得分，并且最终两者之间得分多的获得胜利。技术简练、动作快速便捷、步法灵活以及虚实相结合是短兵运动最主要的特点。与此同时，坚持长时间的练习，既可以培养个人意志，无论是身体还是心理都得到一定的修炼，又可以在一定程度上面强身健体，使身体更加健康强壮，同时防身抗暴。

（3）截拳道作为技击术之一，是李小龙先生依据我国南方拳法和北方拳种的腿法，以及借鉴、吸收和参考西方拳击精华创造的，主要特点就是拳法少、腿法多，以及没有套路形式，非常注重和强调在身体方面的训练。其中，主要拳法有直拳、勾拳等；主要腿法有侧踢、扫踢等。在实际对战中，通常情况下以假动作和复合动作进行有效截击，和其他搏击运动相比较有着直取快攻、指上打下，以及虚实结合的特色，这些对力量、速度等身体素质提出了更高的要求。

（4）拳击作为西方各个国家的竞技体育项目之一，指的是双方两者均带有皮制的拳套，在严格遵守相关规则的前提下，通过一定的拳法寻找各种有利机会击打对方腰带以上的有效部位，最终通过击打有效部位的多少或者按照规则直接击倒对方来断定胜负的竞技运动项目之一。业余拳击和职业拳击是拳击的两种形式，当前西方各个国家流行最为广泛的就是职业拳击，业余拳击已经被成功纳入奥林匹克运动会和亚运会比赛项目中。业余拳击比赛中每一场比赛有三个回合，每回合有 3 分钟的时间，并且回合与回合之间有 1 分钟的休息时间，同时相关规则规定运动员必须身穿背心、短裤，以及戴手套和头盔，并且按照运动员的体重分为 12 个级别，同一个级别内相互比赛。众所周知，拳击竞技比赛是在拳击台上面进行的，因此其运动特点就是动作简练、有着非常强劲的对抗性，双方之间的相互搏击极为激烈。也正是因为如此，坚持长时间的训练除了能够让骨骼变得更加坚实、肌肉更加发达，以及有效改善内脏器官功能之外，还可以更好的锻炼心理品质。

（5）日本搏击的一项主要运动内容就是剑道，同时作为一项现代体育运动，不仅讲求技精气合，还十分追求修身养性，同时也注重和强调礼仪。剑道所用的剑主要是由樫木或者竹子合成的，并且有长剑和短剑，重量基本在 375~500 克之间。在比赛中大多数会用竹剑，在相关规则的前提下以及规定的时间当中，通过拨打、击刺等搏击方法击中对手的有效部位得分，最终得分多的一方获得胜利。同时，剑道在服饰方面有着非常严格的要求，无论是在训练中还是在比赛中均十分注重和强调礼仪，对裁判绝对服从。

（6）跆拳道作为朝鲜民族的体育运动之一，主要宗旨就是礼义廉耻、忍耐克己和百折不屈。跆拳道作为传统武术之一是以脚部功夫为主的，拳法、掌法、肘法、膝法和腿法是跆拳道运动方法的五种主要拳法。跆拳道虽然手和脚共同运用，但是以腿为主，步伐非常灵活且变化多样，是跆拳道运动的主要特点。同时，也是攻击力比较高的搏击术。

（7）泰拳是泰国的一项民族传统体育运动。近几年，泰拳吸收了很多技击方法，如拳击、柔道等，逐渐成为攻击性较强以及对抗极为强烈的竞技体育之一。泰拳主要有三种招式，分别为摆踢、冲膝和肘顶，招式非常简练，并且对身体训练极为重视，如体力、实战等训练。动作简练、攻击性强劲、眼明手快以及步伐灵活多变是泰拳的主要运动特点。同时，坚持长时间练习泰拳的人不仅有着较好的体能，在身体抗打击方面的承受能力也非常的好。

（8）摔跤在世界各个国家都非常的流行，有很多不同的名称，如相扑、角抵等，并且在发展的过程中逐渐形成了独属于各个国家的独特特点和风格。中国式摔跤不仅动作和招式都非常灵活、快捷，技法也极为巧妙，还以以小胜大闻名于世，并且受到了全世界各个国家不同人民的青睐和喜爱。以腰背、臀胯、腿足、手臂和头肩形成的跤绊是中国式摔跤的五种主要类型，各种不相同类型的跤绊有着不同的使用方法，以及与其相对应的独特技巧，要求是手和脚要相互配合，根据实际情况随机应变，做到攻守兼备。坚持长时间的摔跤练习既能全方位提高身体素质，又能培养重要的意志品质和锻炼搏击技能。

二、训练策略

（一）训练方式

1. 模拟训练

模拟训练指以不同的战术动作为基础，在他人的相互配合下开展的一种实战模拟训练方法。在实战模拟训练中通常需要钻研对手的习惯动作、力量以及速度，并针对其进行模拟练习，通过循序渐进的方式掌握动作要点的同时，还需要按照由轻到重、由慢到快的节奏寻找实战的状态。

2. 假设训练

在假设训练中搏击手应始终保持集中的注意力，在脑海中想象对手下一步的打法和战术动作，同时思考自身可采取的应对方法。在实际训练过程中搏击手还可以将沙包作为假想敌进行训练，并积极参与实战训练检验自身设想的战术动作是否具有可行性。

3. 分解与整合训练

对于复杂的战术组合动作，搏击手可以对其进行逐一分析、科学分解，并将分解后的战术动作进行有效整合。由于同一种战术可能由多个动作要领组成，因此搏击手将战术组合动作分解后还需要进行单独的动作练习，并以此为基础完成整套动作的组合练习。

4. 实战训练

开展实战搏击训练的根本目的在于锻炼搏击手的战术意识，并且在实战过程中还能检验搏击手在战术意识的指导下能否正确完成战术动作。在实战搏击训练的初期阶段，搏击手应严格把控训练的力度和尺度，避免训练量过大而受伤，同时灵活运用各种技能和战术动作。

（二）战术运用

在实际对战当中搏击手应该对各种假动作有全面的认识和了解，并且能够熟练灵活的运用，在相互搏击的过程中积极寻找对手的破绽，并以此为切入点努力寻找进攻的时机和机会，以便更好地向对手发起重击。搏击手在相互搏击时能够有效利用视线干扰、身体位移和其他肢体动作，来引起和吸引对手的注意力，取得较好的进攻效果。战术水平比较高的搏击手经常会通过各种灵活的假动作干扰，进一步打断对手的各种意图，在运动假动作的时候除了要做到应急和逼真之外，还要努力做到准确和敏捷等多个要求。应急主要指的是面对突然发生的情况以随机应变、灵活的方式来处理；逼真是从心理角度将对手的怀疑完全消除，从而通过迷惑对手的方式，让对手出现错误的判断；准确是指在竞争对手出现误判的瞬间，寻找切入点向对手发起准确的攻击；敏捷主要指的是搏击手对各种搏击训练中的假动作有非常全面的认识和了解，能够灵活、熟练地运用，通过灵活和多变的肢体动作让竞争对手不知所措，无所适从。

可采用诱敌战术，即在搏击手发起攻击前故意露出的破绽，引诱对手进入预先设下的埋伏，并在对手发起进攻的期间寻找机会反攻。但需要注意的是，搏击手引诱对手主动发起攻击时，必须始终保持冷静的头脑、足够的耐心以及敏锐的观察力。在诱敌、铺设假动作陷阱时，更需要将对手的注意力引诱到进攻上，从而使得对手疏于防范，为此创造更多的反击机会，并在对手尚未产生防备的瞬间发起反攻。

若搏击手双方处于势均力敌的状态，那么除非两者在速度上存在明显差距，否则两者会长时间陷入僵局，直至分出胜负为止。当搏击手双方的力量大体相当时，两者之间在攻守过程中会产生一种节奏感，也就是针对前一个动作快速做出随机反应，因此实力相当的对手在实战过程中，都需要面对较高的取胜难度。

当搏击手在搏击实战的过程中故意露出破绽引诱对手，或者竞争对手发起攻击的时候可以运用灵活多变的防守反击战术。搏击手在反击时能选择环绕侧移的方式有效躲避竞争对手的直接攻击，只要竞争对手重心不稳或者无法快速、及时改变套路动作，此时立即向竞争对手发起非常猛烈的攻击，以便于最大程度减少和避免竞争对手在较短的时间内做出应对招式，从而更好地有效、及时压制竞争对手。搏击手在防守反击时要做好及时闪躲和格挡，通过对两者的灵活、熟练运用以及相互配合下，让防守反击战术做到更好。

众所周知，搏击战术是两人之间的相互搏击，有着一定的对抗性，除了在搏击技巧的对抗上面有所体现之外，还有两者之间智慧和勇气的相互较量。搏击手在实际对战的时候存在一定的可能出现由于过多的身体接触，以及伴随着巨大的安全风险，从而产生比较沉重的心理压力，如恐惧心理、焦虑情绪等。在实际对战的过程当中，这些不仅会使搏击手的精神负担在无形之中增大，还会在一定程度上面影响搏击手对搏击战术的灵活运用，甚至严重的还会出现步伐紊乱、动作僵硬等不良状况。综上所述，想要成为一名非常优秀的搏击手，既要学会从身体上压制对方，又要学会从心理上压制竞争对手，从而更加有效突破竞争对手的心理防线。

第三节　街舞运动科学化训练

一、基础理论

（一）概述

街舞作为民间舞蹈之一，是爵士舞在发展过程中的一个分支，兴起于 20 世纪 80 年代的美国黑人青少年群体，其不仅在美国黑人"嘻哈文化"中占有极其重要的地位，还是非常重要的组成部分。此种舞蹈大多数出现在街头，并且不会受到场地器械的影响和束缚，因此我们也将其称为街舞，它是 Hip-Hop 文化的表现方式之一，从字面意思来看，Hip 指臀部，Hop 指单脚跳，将两者结合起来就是轻扭臀部的意思。街舞作为体育和街头艺术表演相互融合的舞蹈，重要的基本内容就是身体动作舞蹈，并且再非常巧妙地搭配上街舞风格的音乐，通过单人或者集体的相互配合，不仅能够起到娱乐健身的重要作用，同时作为体育运动还具有一定的表演性。舞蹈把体育、艺术和音乐等巧妙地结合在一起，因此被当代众多的优秀青少年誉为"健"和"美"的重要典范，极具代表价值，从另一层面看也是全世界通用的"情感语言"。

（二）分类与特点

1. 分类

以动作类型为标准，街舞分舞蹈型街舞和霹雳舞（Breaking）两大类。

霹雳舞是 20 世纪 70 年代出现在美国纽约城市的黑人舞蹈，不仅舞蹈形式有着非常高的技巧性，还是最早流行的舞蹈种类，并且该舞蹈中有很多舞蹈动作，如翻滚、倒立等可以将年轻人的精力旺盛很好地展现出来，也正是因为如此，对舞者有着较高的要求，舞者有着高力量的同时还要具有一定的柔韧性与协调性，通常情况下将跳霹雳舞的青少年称为 B-Boy 或 B-Girl。霹雳舞主要包括四种类型动作，分别为 Top Rock（基本的直立）、Footwork（脚法）、Freeze（定格动作）、Power Moves（大地板），其中大地板动作是舞者用手、头或者身体在地上的旋转；小地板动作是舞者灵活运用肢体在地上踩出复杂多变的脚步动作，并且再加上比较刁钻的倒立动作。

通常情况下,舞蹈型街舞的舞步幅度不仅大还非常简单,同时将比较复杂多变的舞感成功体现出来,与霹雳舞相比学习起来比较容易,展现的舞蹈效果也比较良好,因此受到大众的青睐和喜爱。舞蹈型街舞包括很多不相同风格的街舞种类,如 Popping(机械舞)、Locking(锁舞)等,这些舞蹈虽然不需要具备霹雳舞那样的超高技巧,但是在协调性、舞感、肢体灵活性和控制力上面有着非常高的要求。

以年代或音乐类型为标准,街舞主要分为两大类,一是旧流派街舞(Old School),二是新流派街舞(New School)。旧流派街舞主要包括 Locking(锁舞)、Popping(机械舞)、Breaking(霹雳舞)、Wave(电流)等街舞种类。每种舞蹈都有自己鲜明的风格特点,更注重舞步的复杂性和舞蹈的技巧性。新流派(New School)是一个集大成的舞蹈,融合了除 Breaking(霹雳舞)之外不同种类街舞的动作,舞蹈风格不如旧流派街舞鲜明。它包括 Locking(锁舞)、Popping(机械舞)、Wave(电流)、Boogie(布吉)以及 MC Hammer(汉默)及巴比布朗时期的律动,它一般更"温和",动作显得更多变而流畅,没有太大幅度的脚下移动,头部和手部动作更加丰富,更注重身体上半部的律动。新派的舞步和技巧要简单得多,更注重舞蹈的感觉,能够充分配合音乐使舞蹈更具有舞感。

2.特点

律动感是街舞最大的特点,主要是依靠膝盖、胯等身体大关节收缩以及伸展的交替运动,以便于舞蹈动作观看起来更加弹性十足,具有较好的观赏性。同时,舞者身体其他部位的弹动也需要有效依靠相关肌肉的控制,以及交替伸展、收缩来实现,使舞者跳出来的动作律动感强劲并且松弛自然,很够很好的对舞者身体关节起到重要的保护作用,最大限度地减少和避免运动损伤。

Hip-Hop 音乐有着很多的切分音,动作节奏的快慢变化均要完全符合音乐节奏,并且借助动作快速和有效控制,将舞者身体的律动感充分体现出来。因此,在进一步强调动作流畅性的过程当中,要积极利用音乐节奏的独特特点,动作节奏的过程当中有少量空拍的停顿,使人们在观看的时候视觉上形成非常强烈的对比反差效果,同时因舞蹈动作更加具有层次感,增加了舞蹈随意和自然的舞蹈感觉。

街舞与生俱来的一种特性就是竞争性,一直到现代街舞比赛仍然以斗舞的形式展开，参赛的众多舞者通过对舞蹈动作的积极创新来赢得最后的比赛，并且比赛获胜的舞者也在受到众多舞者的崇拜和喜爱，声名远播，逐渐成为众多青少年的偶像和明星。街舞的另一重要特性就是自由表达，通过上述内容已了解街舞是以斗舞的形式开展的，舞者在斗舞当中通过对舞蹈动作的创新获得胜利，对舞者而言，创造力会受到了思想的影响，舞者思想越自由，创造力也就更加丰富多彩，创造出来的舞蹈动作也就更加新颖，有更大的概率获得比赛的胜利，此时竞争和自由的特性达到了高度的统一。

二、训练策略

（一）开展方法

在正确、科学指导学生学习街舞的过程当中，教师要积极利用体育或者舞蹈的相关课程，以及有效利用课外活动或者周末的时间，进一步增强学生对已经学习舞蹈动作的熟练度。一方面，通过各种组织培训班的方式，为学生讲解街舞的起源、发展等，让学生对街舞有更加全面的认识和了解，同时激励学生组建和参与相关的舞蹈社团，灵活运用各种不同的肢体语言，勇敢将自身对生活的态度表达出来，有效释放情感等。另一方面，教师还能在体育或者舞蹈的课程上增加欣赏课，为学生尽可能多的播放各种先进、优秀的街舞团体录像，使学生在学习街舞的过程当中可以更加直观地感受到街舞的独特魅力，并且为学习街舞奠定更加坚实的重要基础。

高校教师在街舞教学的过程当中要紧随时代潮流，改变以往传统的填鸭式教学方法，用循序渐进的教学方法，对学生的练习进行一系列的正确指导，并且通过大量的练习形成量的积累，最终通过教师对学生进一步的强化训练激发量的质变，让学生可以对街舞动作逐渐形成表现意识。学生自刚开始学习舞蹈的时候，通常是记住教师传授的舞蹈动作，通过反复的练习达到强化掌握的目的，以便于更好地完成整套舞蹈动作，从而有效正确引导学生在学习舞蹈的过程当中不断增强动作表现力。学生通过前期的深入学习，已经掌握了舞蹈动作表现力与熟练程度，因此在教学后期教师需要将教学的重点放在培养学生舞蹈动作节奏感，以及音乐感上面。学生在学习街舞之后学会灵活运用街舞将自身的内心充分表达出来，同时通过对街舞美的展现来进一步反映自身的理解。当学生既可以独立、灵活运用各种不同舞蹈动作体现内心情感，又可以用肢体语言将舞蹈美风采充分展现的时候，教师最终的教学目的也就达成了。

街舞有着非常广泛的发挥空间，并且极具创造性，无论是音乐风格和舞蹈节奏的不同，还是跳舞人群的不相同，都在一定程度上面对编舞者的动作编排产生影响，由此产生各种不同的创作灵感，同时将编舞者的激情与个性充分地体现出来。在学习街舞的过程当中学生在学习最基本舞蹈动作的同时，还要对舞蹈动作进行大胆的创新，将自我尽情地展现出来，通过对已有舞蹈动作的二次创造，争取形成个人的独特风格，并将其完整的跳出来。

（二）影响因素

我们都知道，街舞的个性是灵活多变和追求张扬的，因此对学生的要求就是在跳舞的时候要努力做到活力奔放和激情四射。实际上，有很大一部分学生在学习街舞的过程当中，很难做到使面部表情、身体体态等和舞蹈动作相符合的具体感情表达，大多数跳出来的舞蹈动作不仅呆板和僵硬，还非常没有感染力。假如舞者在跳舞的时候不能很好地沉浸在街舞当中，同时又无法借助街舞将自身的感受充分表达出来，这也就使得街舞失去了被人们欣赏的重要价值和意义。

大部分的学生无论是对音乐的节拍，还是对音乐的强弱感受能力都比较差，因此即便是学生跳完了完整的街舞动作，也无法将音乐特点和音乐节奏很好地表达出来，使得舞蹈动作严重阻碍了音乐情感的有效传递。一方面，阻碍了学生舞蹈动作感觉和音乐的统一，使得学生最终跳出来的街舞动作极度缺乏美感，没有欣赏的价值。另一方面，对音乐效果产生了严重的不良影响，同时也在一定程度上使得对应的舞蹈失去了应有的激情，缺少震感性。除此之外，还会打击学生学习街舞的自信心，严重的还会对街舞产生厌学心理，长时间下去不仅会对街舞的学习产生非常不良的影响，从某种程度而言还会阻碍街舞的推广和宣传。

（三）街舞训练的重点

教师在街舞教学的过程当中要积极对学生开展各种美育教育，对学生的兴趣进行不断地强化，通过各种方法帮助和促进学生寻找舞蹈的最佳感觉，并且确定舞动的最佳表现形式，以便于让学生从每一个舞蹈动作中都可以找到美的感受，不断增强学生学习街舞的自信心。同时，教师在街舞教学的过程中要不断加强学生的表演技巧，只有这样学生才可以真正感受到街舞动作要表现的要领与韵味，以便更好地完善相关技术。

学生学习街舞的重要素质是专项素质。良好的身体素质（力量、柔韧、耐力）是所有舞蹈动作的重要基础和前提，只有这样才可以增强舞蹈动作的协调能力，更好地控制身体，以及将创造性尽情地发挥出来。力量主要指的是上下肢力量，无论是支撑还是弹跳均需要有一定上肢力量和下肢力量的基础；柔韧性对舞蹈动作的速度和身体姿态有着较大的影响，学生在街舞练习的过程当中要充分按照身体各个部位的特性进行不同的专项训练，柔韧性包括很多韧带的柔韧度，如腰椎、颈椎等；耐力训练和力量、柔韧性相比也同样重要，练习街舞要有很好的体力，因此，学生在练习街舞时应该把舞蹈动作与体能训练巧妙地结合在一起，经过多次重复性的大量练习进一步增强耐力，从而使街舞动作可以淋漓尽致的发挥得到更好的保证。

学习街舞的学生有的有比较系统的音乐知识，有的没有系统的音乐知识，因此教师在街舞教学的时候要强化学生对音乐知识的学习，以及快速提升学生舞蹈动作的节奏感。街舞动作在个性化方面比较强劲，需要将自我感受充分地表达出来。学生街舞练习追求舞蹈动作准确性的同时，又要追求舞蹈的高质量，不可以一味地追求具有较高难度的舞蹈动作。教师开展舞蹈教学的过程中，在传授学生重要舞蹈技术动作的同时，还需要对学生的舞蹈动作表现进行详细的剖析，以便于更好地帮助和促进学生快速找到最佳的舞蹈动作感觉。当学生无论是舞蹈动作形态，还是肌肉用力顺序等几个重要环节均达到一定准确程度的时候，才可以得到最佳的发展，也正是因为如此教师在街舞教学的时候，一方面需要注重和强调对学生积极性的激发和调动，另一方面还要不断强化学生舞蹈动作的准确性，最终让学生取得最好的街舞训练效果，从实际意义上来说这才是真正街舞动作特点的真谛所在。

第四节　形体科学化训练

一、基础理论

（一）概述

狭义形体训练主要指的是形体美的训练；广义形体训练主要指的是形体动作的训练，在此定义下各种各样的动作都能够称之为形体训练，甚至还包括部分服务行业的程式化动作，如迎宾、送菜等。本节认为用狭义形体训练来定义比较确切，并且这与大部分形体训练者的意愿相符合。这些形体训练者在训练过程中花费很多的时间、精力、体力与金钱，绝不仅仅是为了活动身体，最终目的是更好地塑造自身的体态美，因此有着非常强烈的目的性。

（二）特点与意义

1. 特点

形体科学化训练是将多种有效的健身训练方式艺术化，使人们在训练中得到人体运动的协调与流畅、舒缓与优美，体现身体姿态的造型美。练习者训练的内容除了快速增强其自身的体质，更好地锻炼身体之外，还进一步得到了美的享受，使练习者的艺术修养得到一定的提升，由此可见形体训练有着很高的艺术性。

形体训练让人们在愉悦、轻松的气氛和音乐的伴奏中强身健体、调节情绪、塑造形体、丰富业余生活。形体训练是结合了舞蹈、艺术体操、健身操、瑜伽、普拉提等内容的健身项目。

形体训练形式的多样性为练习者提供了不同的练习内容与科学的健身方法。不同人群可以根据自己的年龄、锻炼基础、锻炼目的，选择适合自己的练习内容。每一个练习者在形体训练中都可以找到适合自己的锻炼方式，从中得到乐趣。

形体训练作为有氧运动的一项分支，练习的强度非常的适中，练习者坚持长时间的练习对快速提高人的呼吸系统、运动系统等身体各个方面的功能有很多益处，从而实现不断增强生理健康的最终目的。在音乐的伴奏下，练习者通过轻松、安全和有效的全面锻炼，不仅对消除练习者自身的疲劳极为有利，同时对进一步提高练习者心理健康也极为有利。系统、科学与合理的形体训练能消除体内多余脂肪，重塑健美体形。

2. 意义

形体训练是练习者在音乐中通过身体体位的各种变化，以及躯体的提、拉等最基本的动作练习，感受和体会肌肉的发力，以便于更好地锻炼全身控制力和平衡力，有效保证练习者身体能够形成正确的姿势和形态。教师在实际教学中对学生进行身体训练的强化教学，培养练习者审美观念的同时，还可以快速提升在观赏方面的能力和水平，使学生形成良好的行为习惯，这对于练习者以后的发展不仅有着重要的促进意义，对于练习者的形体也有着极为重要的作用。

二、训练策略

（一）训练原则

1. 全面锻炼身体

让练习者全身的肌肉更加富有弹性，发展更均有，身体姿态更丰满，以及身体的各个器官机能更加旺盛，从某种程度而言这些是形体训练的最终目的。因此，在选择形体训练内容的时候，练习者首先应该坚持身体的全方位锻炼，其次注重和强调对身体个别部位的专门练习，只有这样才可以真正实现形体训练的目的。由此，练习者在合理选择与科学搭配形体训练内容的同时，也要运用合适的形体训练方法，才可以充分保证做到扬长避短、内外结合以及身体一致。

2. 循序渐进

练习者参与形体训练，既要有一定的生理负荷量又要有相应的心理负荷量。形体训练运动的刺激强度对练习者训练效果有着很大的影响，刺激弱无法引起练习者机体功能的变化；刺激强会在一定程度上损害练习者的身体健康。身体素质的锻炼是循序渐进的过程，不是一蹴而就的，因此练习者在形态训练内容的选择上面，需要重点关注和强调数量从少到多，形体训练动作节奏从慢到快，以及负荷量从小到大，同时充分按照实际训练情况来进行。只有严格遵循人体发展规律，以及有效使用各种实际环境的基本规律，练习者的形态才可以逐渐得到提高，对体形进行完美的塑造。

3. 培养良好形态

确定形体训练内容时，要以有效培养良好形态为准则，对于形态控制效果好和具有实用意义的基本体操、基本功的训练，应在各训练阶段中反复进行，逐步提高。对技术性较强的内容，要考虑训练本身的技术含量，对发展形体素质有利的训练内容要坚持每训必有。

4. 科学的针对性

形体训练的内容在层次上应与练习者的年龄、心理和生理发展的规律、形态控制能力的现状以及职业的要求相适应。这样才能确保形体训练的系统性，逐步提高形体素质和技能要求，同时，也要根据练习者学习的进展情况逐渐增加新内容，从而促进练习者练习的积极性。

5. 内容的多样性

身体素质的提高练习是艰苦的，练习者在形体训练初期感觉到的是辛苦，后期感觉到的是疲劳。健身目的明确、美体观念强的人，会在形体训练中苦中作乐，但自控能力差的人就很难长时间的坚持。因此，在形体训练的过程中灵活运用丰富多彩的训练内容与方法，可以将练习者的兴趣进一步的激发与调动起来，培养其积极主动的参与心理，克服由于训练内容的单调、枯燥和动作难等带来的困难。

6. 理论与实践相结合

形体训练虽然是以培养良好形态的身体练习为主要方法，但同时也必须重视形体训练的基础知识。练习者只有在练习过程中对如何正确确立良好形态的原理与方法，有了初步的认识和掌握之后，才可以灵活运用与人体相关的知识去正确指导提高、保持良好身体形态的能力。

（二）科学化方案分析

教师在教学的时候为学生全面讲解形体理论知识，使学生对形体训练的优势更深一步的认识和了解，不断强化对学生在形体方面知识的大力普及和推广，从而有效保证学生追求美的意识得到全方位的提升。首先，教师在课堂教学中为学生介绍与其相关的理论知识，如体育、人体的美学等，让学生可以对形体训练教学有简单的认识和了解，以及更加明确形体训练教学为自身带来的众多益处。其次，教师通过对学生讲解各种形体训练方面的理论教学，学生对形体训练的各种益处有更加深入的全面掌握，如肌肉强度的提高、身体机能的调节等，进一步激发学生学习的兴趣，从而更加积极和主动地进行形体训练。

　　在具体的形体训练教学过程中，教师要组织学生对身体的各个部位进行精准的维度测量，以便让学生对自身情况有更加具体的认识和了解。与此同时，教师应要求学生在形体训练的过程中，按照自身实际情况制定合理的维度目标，以及合适的运动计划，方便师生按照原来的身体数据进行准确的周期性对比，使学生在训练过程中对自身身体变化有非常全面的了解，此种方式既能有效提高学生形体训练的主动性和积极性，又能在一定程度上面使学生进一步树立坚持形体训练的重要意识。

　　实际上，形体训练是一项极为辛苦的运动训练，无论是对学生的毅力还是学生的恒心，均有着巨大的挑战。目前，很多学校在实际形体训练教学工作开展的过程当中，不仅运用的是传统的教学方式，教学模式非常的单一化，相关知识理论还比较陈旧；同时，教师在教学的过程中也一味地进行相关基本要求的阐述，学生在形体训练的时候严格遵照教师的要求来进行。随着时代的进步和教育事业的发展，这一教学过程已经无法适应当代教学的发展，有着很大的落后性，特别是现阶段的学生极易出现逆反心理，这样的教学不仅无法有效提高学生的形体，还会对教师的教学效率和教学质量产生严重的不良影响。为了紧随时代潮流，教师需要在以后的教学阶段努力与学生建立全新型的师生关系，在课堂教学中既要全面培养学生的基本形体，又要鼓励学生积极参与各种与形体相关的活动。

参考文献

[1] 沈建敏.体育教学创新与运动训练研究 [M].北京：新华出版社，2018.

[2] 杨乃彤，王毅.高校体育教学创新及运动教育模式应用研究 [M].北京：九州出版社，2019.

[3] 王海燕.现代体育教学功能实现与创新应用 [M].北京：中国书籍出版社，2021.

[4] 彭国雄.当前普通高校体育教学理念与体育教学模式的关系分析 [J].广州体育学院学报，2009，29（03）：122-125.

[5] 潘佳，丁鼎.创新教育理念背景下的高校体育教学改革研究 [J].当代体育科技，2022，12（17）：49-52.

[6] 柳文龙.探析终身体育教育理念下的高校体育教学改革策略 [J].中华武术，2022，（02）：68-70.

[7] 张洪潭.体质论与技能论的矛盾论——百年学校体育主线索厘澄 [J].体育与科学，2000，（01）：8-16+22.

[8] 刘应梅.普通高校体育教学目标的实现路径研究 [D].成都：西南财经大学，2020.

[9] 赵佳.体育教学目标探析 [J].体育风尚，2019，（08）：178.

[10] 陈灿.我国体育教学目标的研究现状与展望 [J].体育世界（学术版），2018，（12）：23+22.

[11] 姚蕾.体育教学论学程 [M].北京：北京体育大学出版社，2005.

[12] 金俊.体育教学方法及教学技能探究 [M].北京：研究出版社，2020.

[13] 向政.高校体育教学方法改革与创新 [M].北京：光明日报出版社，2016.

[14] 谷茂恒，姜武成.高校体育教学评价体系的构建 [M].北京：航空工业出版社，2019.

[15] 王彦林.高校体育教学评价研究 [M].北京：中国书籍出版社，2018.

[16] 骆信军.高校体育教学评价的现状及改进方法探讨 [J].湖北农机化，2019，（20）：114-115.

[17] 李伟民.高校体育改革与发展 [M].上海：同济大学出版社，2003.

[18] 徐崔华.体育教学过程与方法 [M].北京：人民体育出版社，2019.

[19] 邱君芳.体育教学优化与学生综合素养提升研究 [M].北京：中国原子能出版社，2019.

[20] 张坤.体育教学过程中以人为本教育理念与体现的分析 [J].运动，2018，（12）：82-83.

[21] 艾萌，马玥明.论体育教学过程的本质与构成 [J].运动，2016，（20）：57-58.

[22] 窦丽.大学生体质健康的理论与实践研究 [M].北京：北京理工大学出版社，2020.

[23] 陈善喜.大学生营养与健康 [M].成都：电子科技大学出版社，2013.

[24] 田麦久，武福全.运动训练科学化探索 [M].北京：人民体育出版社，1988.

[25] 张伟，肖丰.高校篮球运动教学理论与方法研究 [M].北京：新华出版社，2019.

[26] 吴雪琴，武兴东，李万友.高校武术运动传承与发展研究 [M].北京：北京工业大学出版社，2019.

[27] 崔文惠，文芳，孙剑强.小球运动与大学生运动健身 [M].哈尔滨：哈尔滨地图出版社，2010.

[28] 马慧.高校田径教学训练中体能训练的要点分析 [J].田径，2022，（08）：37-38.

[29] 苏乔.新时代下高校街舞课程的教学及训练探究 [J].当代体育科技，2020，10（17）：53-54+56.

[30] 靳苓.形体训练 [M].西安：西安交通大学出版社，2018.